新时代管理案例丛书

变局

组织管理创新
案例集

王崇锋　刘欣荣◎编著

清华大学出版社
北京

图书在版编目（CIP）数据

变局：组织管理创新案例集 / 王崇锋，刘欣荣编著 . 一北京：清华大学出版社，2022.9

（新时代管理案例丛书）

ISBN 978-7-302-61693-1

Ⅰ.①变… Ⅱ.①王…②刘… Ⅲ.①企业管理－组织管理－案例 Ⅳ.① F272.9

中国版本图书馆 CIP 数据核字 (2022) 第 155857 号

责任编辑：	朱晓瑞
封面设计：	汉风唐韵
版式设计：	方加青
责任校对：	王凤芝
责任印制：	曹婉颖

出版发行： 清华大学出版社

　网　　　址：http://www.tup.com.cn，http://www.wqbook.com

　地　　　址：北京清华大学学研大厦 A 座　　　　　邮　编：100084

　社 总 机：010-83470000　　　　　　　　　　　邮　购：010-62786544

　投稿与读者服务：010-62776969，c-service@tup.tsinghua.edu.cn

　质 量 反 馈：010-62772015，zhiliang@tup.tsinghua.edu.cn

印 装 者： 北京嘉实印刷有限公司

经　　销： 全国新华书店

开　　本： 170mm×240mm　　　**印　张：** 14　　　**字　数：** 218 千字

版　　次： 2022 年 9 月第 1 版　　　**印　次：** 2022 年 9 月第 1 次印刷

定　　价： 55.00 元

产品编号：095202-01

清华大学经济管理学院中国工商管理案例中心长期致力于案例教学方法的推广、案例分发平台的建设、案例开发与收录标准的提升，并在国内率先通过商业化的方式，有力推动了教师与院校之间案例写作与案例使用的良性循环，最终实现管理教育与管理实践的紧密结合。在国际舞台上，中国工商管理案例中心作为一个独特而专业的窗口，不断向多家国际大型案例平台输出中国企业案例，对外介绍中国企业领先的创新实践，有力提升了中国管理和中国文化的影响力。

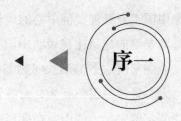

打造动态变革下的组织韧性

《易经》有三"易"：变易、简易和不易。所谓"变易"指的就是变化，世界唯一不变的法则是变化。现如今是百年未有之大变局，"弓"与"弦"要依照实际情况发生一定变化，也就是张力有所变化，这也要求组织架构、薪酬体系、人力管理等要与员工需求尽可能匹配。所谓"简易"就是在实现不易的过程中，一定要有简单的路径。企业真正核心的推动力，实际上还是对大家的需求和利益的满足。所谓"不易"就是在绝对的变化之中，一定要有不变的东西，可以是企业文化，也可以是一种精神支柱。不管怎样，我认为真正的仙人掌型企业，就是那种基本上没有任何资源，只要有一点水分，凭借自己的努力就能活下来的企业。

我经常会想起管理大师彼得·德鲁克做过的一个关于"半杯水"的小实验，我把这个小实验搬到了经管学院的课堂上。我在讲台的桌子上放一个盛着半杯水的杯子，并指着杯子问大家："你们看到了什么？"有同学说，这是一个半满的杯子，也有同学说，这是一个半空的杯子。杯子仍然半空和杯子已经半满是对同一现象的描述，其中却包含了极大的差异。在一个组织中，若对杯子的看法由"半满"转变为"半空"，意味着能嗅到"由危转机"巨大的创新机会，倒逼着企业挖掘并把握住这种组织内部的潜在资源，打破组织边界，通过优化运作，扩张内部结构，达到重塑组织韧性的目标。

在过往几十载的研究中，我一直有一个困惑，也一直在探寻案例研究的关键所在——如何能够让理论更加深入浅出呢？如何又能让这些企业的实践操作经世致用呢？我追溯到了始发于半个多世纪前——工商管理领域采用案例教学的哈佛商学院，作为清华大学经管学院的一名成员，我见证了1999年建立的中国工商管理案例中心的成长，经过二十多年的发展，特别是近些年参照哈佛商学院的规范化建设，中国工商管理案例中心已经累计开发超过 1 000 篇中国企业案例，发布超过 3 000 篇中国企业案例，涉及企业战略管理、市场营销管理、人力资源与组织行为、财务管理、金融股管理等企业管理的全学科领域。在这些案例中，一些企业在变局中打破各种恶性循环，有计划地结合公司的战略发展目标和核心竞争力进行组织管理和变革，当然，更有极少数顶尖的企业，使用更为先进的做法，利用大数据和人工智能做出精准的管理和分析，提前做好变局下的管理应对工作。

我与王老师在案例中相逢，神交已久，他撰写的案例，总能和当下的企业发展和时代背景紧密结合，充分反映企业的最佳商业实践，为企业的组织管理者提供了案例范本，具有很强的代表性和参考价值。企业组织管理是一码事，真正置身于企业又超脱于企业，给予整个行业以思考又是另一码事。做到这两点是极为难得的，而王老师做到了。这也值得从事案例开发的同行进行认真思考和学习。

《变局》这本案例集选取了王老师团队近年来入库清华大学经济管理学院中国工商管理案例中心的组织管理创新的实践案例，详细介绍了企业"如何寻找发展机会""如何优化内外部运作管理""如何培养员工以达到结构化张力"和"如何打造韧性组织"，从而获得竞争优势的过程。

本书不但架构了一套专业而成熟的理论体系，还从实践角度，为我们详细说明了江小白、小红书、李宁、腾讯这些知名企业中，那些多梯队的组织管理创新的故事和操作方法。以上这些，正是我们企业融合真实素材与经典理论，获取社会各界实用价值的有效途径。

诚然，改变"半杯水"的思维模式较为困难，但是当我们看到"半空"的杯子时，还能够意识到它还有"半杯水"的存在，就是一个巨大的进步。组织行为管理于企业而言，大概就是企业面对世界的大变局，通过优化运作，扩张内部结构，打造组织韧性，成为真正的仙人掌型企业。

郑晓明

清华大学经济管理学院教授、博士生导师

清华大学经济管理学院中国工商管理案例中心主任

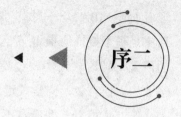

案 例 之 花

王阳明游南镇，友人指着岩中花树问："天下无心外之物，如此花树在深山中自开自落，于我心亦何相关？"王阳明说道："你未看此花时，此花与汝心同归于寂；你来看此花时，此花颜色一时明白起来，便知此花不在你的心外。"王阳明的"深山之花"恰好可比作"管理案例"，花与我的关系，放置管理教育的情境中，于管理学者（往往身兼教育者）的视角，同样有三重境界。

第一重境界，即花自开自落，与我无关。西学东渐的管理学科在近现代教育史中是一个"年轻气盛"的存在。说它年轻，是因为它的建制要晚于文史哲等学科门类，说它气盛，是因为招收 MBA/EMBA 学生的商学院往往因为高昂的学费成为高校院系中的"豪门"，容易成为众矢之的，以及产生内部纷争。现代管理学正在经历第三次集体反思。第二次反思缘起于 1959 年一份由福特基金会资助，由罗伯特·戈登（Robert Gordon）和詹姆斯·豪厄尔（James Howell）撰写的报告，两位学者批评当时的美国商学院过于强调职业教育，建议商学院课程应该提高对行为和社会科学的研究，这次反思促进了管理研究的科学性取向，之后从 1960 年至 1980 年产生了大量的所谓管理理论，这段时间也被徐淑英等知名管理学者称为"黄金时代"。由于中国与美国在管理实践、教育和研究上的时间差，这个在西方已经终结的"黄金时代"在中国则方兴未艾，商业世界的"花"与管理学界的"果"没有关联、各自生长，学者不需要关心企业实践，不需要与企业家、管理者交流，就能凭借一篇篇以实证主义为主流的学术论文的发表得到晋升，站上商学院最高的讲坛，培育未来的职业经理人和企业家。这些毕业生的就业表现如何？明茨伯格以《管理者而非 MBA》一书掷出振聋发聩的答案，《哈佛商业评论》的沃伦·本尼斯更是毫不掩饰地指出：商学院正走在一条错误的路上——太关注所谓"科学"的研究，聘请缺乏实践经验的教授，培养缺乏应对复杂和非定量问题能力的毕业生。换言之，商学院远离了真正的管理。

第二重境界，即看花不是花。哈佛商学院案例教学法自 1980 年末引入中国，即是第二种境界的缘起。中国的管理教育者逐渐接受管理学科与自然学科的差异，希望通过案例教学法这种系统的建构主义教育理念，将管理学的"科学""艺术"与"技艺"的三元知识结构迁移到学习者中。于是，商业世界的"实践之花"被一朵朵采撷，写成教学案例，被学习者提前阅读。教师在一个被精心设计的物理空间里，以导演的身份，启发学生自我学习、相互学习，师生共同学习，培养未来管理者需要的知识、技能和情感。案例作为学习的支撑体，看似重要，其实不过是一个道具。因此，借用心理学的概念，这朵花的"本体"可以有三种类型，即本我、自我和超我。所谓本我，即无限接近事实的一手案例，它需要提供决策者掌握的所有相关信息，耶鲁式未经雕琢的粗案例（raw case）也因此大受欢迎；所谓自我，即教学者编撰的模拟情境的案例，它更像一个剧本，可以很好地反映管理世界中的冲突，它的素材往往来自各种公开报道；所谓超我，即全知视角下的案例，它是事后诸葛亮、是盖棺定论，这种案例对情节分割和时间序列要求很高，必然含有极为权威的对管理事件因果关系的假设，这也是中国比较常见的综合性平台型案例，很适合来鼓吹掌门人的管理思想和领导力。无论哪一种"案例之花"，都沦为一种现象，最终为理论这个本质所诠释，以显示管理学者的高明之处。而理论本身的谬误、缺憾，从不在讨论之列。

第三重境界，即看花仍是花。本质真的就比现象高明，共性真的就比个性重要吗？当我们重视抽象的意义时，正是案例的价值被消解之时。案例中的具体管理情境，内部情境与外部环境间的边界，当下的外部条件，这些有血有肉的管理实践在案例教学的望远镜里通通消失了，或者仅成为产业经济、应用经济等学科中观视角下的行业知识，这些知识在管理学者看来不足挂齿，它们在一些大师级的理论模型面前，仅是背景般的存在。而在真实的管理世界，每一个个案都是独一无二的，都需要被"case by case"（就事论事）地加以分析讨论，这也是为什么商学院的案例中心需要不断开发案例、不断更新案例，为什么现在全球有数以万计的商业案例，这些个案织出一个高动态、多维度和复杂的商业世界。借助科技的进步，以商学院为主力军的案例开发还应该大步向前，成为实践界的数字孪生，创造出一个管理学的元宇宙。在这个元宇宙里，每一朵花都拥有不可被取代的研究价值和教育价值。

詹姆斯·马奇曾抱怨商学院对管理实践"勘探不足，开采有余"，王崇锋教授的团队则是孜孜不倦的勘探者和开采者。在这本案例集中，你可以品读到看花非花的第二种境界和看花是花的第三种境界，这些案例所关切的边界突围、运作优化和组织韧性是企业界面临的三个时代性主题，而我非常喜欢结构张力这个章节，一个咖啡店和制衣厂的人力资源管理，以及两位普通职场人的选择。这样的花，就像上海此时遍地盛开的野花，它们本来就是商业世界的底色，只是因为弱小，少被人看见。感谢王崇锋教授的团队，让这些小花，在公众视野中盛开。

张春依

复旦大学管理学院案例中心负责人

复旦大学商业知识发展与传播中心助理主任

上海 MBA 教指委案例专门委员会委员

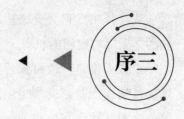

释而应变，惟精惟一

两年前，受邀为崇锋的《释局》撰写推荐序的时候，我一边写一边感慨："比比人家，看看自家，同是案例人，差距咋就这么大呢？"

两年后，再次受邀为崇锋的《变局》撰写推荐序，我再一次感慨，这人怎一个"秀"字了得！两年来，在社会一片"躺平"声中，崇锋悄无声息地占据了国内外各大案例奖项的榜首！从"全国百篇优秀案例"到"中国工商管理国际最佳案例一等奖"，从"'卓越开发者案例大奖赛一等奖"到毅伟英文案例的发表，崇锋带着他的案例团队逢赛夺奖，卷卷有名！

《变局》汇聚了崇锋这两年最优秀的案例成果，全书共十五章，分别从"边界突围""运作优化""结构张力"和"韧性组织"四个部分，诠释了"百年未有之变局"下的中国企业如何自我进化，唯变所适。

《变局》，刚好和陈明哲教授创立的第十一届动态竞争国际论坛的主题"变局·反思·突破：企业的新战略思维"完美契合。可见，迎变，应变，正成为经济界、学界的共识。

案例是链接理论与实践的最佳手段，《变局》以案为媒，为企业界和学术界带来新的洞见。书中所讲的案例现象包括了各个行业里最值得突破和改革的"爆点"，更难能可贵的是，全书用案例层层递进，全方位展示了企业从战略制定到策略落地的全过程。相信正在变局困境中的企业家读完本书会有"老友重逢"的感觉。

同时，这本书对喜欢案例教学的老师而言，是绝佳的教材；对学习案例开发的老师而言，是优秀的案例范式；对擅长案例研究的老师而言，则提供了丰富的企业实践现象。

从《释局》到《变局》，变化的是每篇案例经历的"时"与"势"，不变的是崇锋对案例的执着。

崇锋不仅是一位可爱的案例人，也是一位善于将企业实践加以总结和提炼、以实践为基础升华出创见的思考者。因学而爱，以学而报，关注现实，深入实践，这一点始终如一地体现了以崇锋为代表的教育者惟精惟一、坚守初心的情怀。

我很期待两年后崇锋的新作，不知是《破局》还是《定局》？

何波

西南科技大学经济管理学院工商管理系教授

西南科技大学案例中心主任

目录

第一部分　边界突围

第二部分　运作优化

第四部分 韧性组织

第一部分

边 界 突 围

第一章

玩转青春小酒：江小白的味道战略升级之道

"是否要继续创新产品？"这是以口味创新诠释现代酒文化的江小白，在 2019 年销售额突破 30 亿元大关时面临的关键问题。2019 年 9 月，江小白与雪碧推出"就要这样混"气泡酒，仅抖音"#江小白＋雪碧#"话题下的单个短视频，就有获得超过 120 万的点赞量。[①]这波混饮热度还未消散，2020 年 1 月 1 日，江小白和乐乐茶联合打造"2020 就爱这样混"奶茶酒，当天重庆大融城的乐乐茶店便挤满了人。

可正当混饮系列备受热议时，2020 年 1 月 17 日爆发的黑天鹅事件，致使所有餐厅及零售场所长时间休业，江小白的销售额在 2 月份创下了历史新低。而曾擅于利用热点事件进行口味创新的江小白，当年 1 月至 8 月未出新品。此时的江小白应该暂停产品创新，拓宽原有产品的销售，减少库存，还是发现需求，打造适合现阶段消费环境与消费观的"时尚单品"，带动销售？

---

① 策划那些事，"雪碧和江小白合体：就要这样混——什么是互联时代产品解决方案？"搜狐网，2019年9月6日，https://www.sohu.com/a/339202983_100036625，2021年12月30日访问。

▶ ▶ 第一节　抢占味觉空位，打造味道矩阵

在中国消费品领域，白酒是一个不折不扣的传统行业。白酒作为中国特有的酒种，以浓香型和酱香型口味为主。作为最容易被消费者接受的香型，浓香型白酒占据了我国白酒市场份额的 70% 以上；酱香型白酒占比为 7%，但酱香型白酒在 2019 年的收入和净利润在白酒行业中分别占 21.3% 和 42.7%。[①]同时，各大白酒企业努力塑造高端的品牌形象，并占领了中国富有的老年客户群体市场，同质性竞争使中国白酒行业形成一片红海。

2002 年大学毕业时，陶石泉拒绝了被学校推荐去大型国企的机会，选择了一家民营企业——金六福，从初入职场每月 850 元的小职员，到月薪数十万元的分公司总经理，他只用了两年的时间。在创立江小白之前，陶石泉曾拎着一瓶近千元的白酒去酒吧，结果这瓶酒被酒保嘲笑太 "low"（低级）。陶石泉对此很不服气：这么好的酒怎么就 "low" 了？凭什么中国酒就不能进入夜场酒吧？

他发现：经常去酒吧的年轻群体对白酒的接受度很低，他们对白酒主要有两大印象——不好喝（太辣），不够 "酷"（太土）。陶石泉感知到，国产白酒市场看似饱和，其实并未满足所有年轻用户的需求。于是，开发一款适合年轻人的高粱酒的想法在他的心里萌发了。

江小白，2012 年面世。鉴于当时网络流行 "小白" 这种自谦自嘲的精神，陶石泉将这个白酒品牌取名为 "江小白"（见图 1-1）。为满足年轻消费者对国产白酒 "不辣不土" 的味道需求，江小白推出小曲清香型白酒，并将该系列命名为 "我是江小白"。而产品刚推出，就有人从味道的角度予以否定：清香型白酒没有市场。也有人从用户定位方面做了分析：针对年轻人的低度酒没有未来……虽然饱受质疑，但在 2018 年，江小白的年销售额突破了 20 亿元。[②]

---

① 周子冀，"酱香浓香酒企各自抱团，白酒香型争夺战加剧"，中国商报，2020年6月10日，https://www.sohu.com/a/400907959_393779?_f=index_pagefocus_3，2022年1月5日访问。
② 商界编辑部，"江小白腾讯达成合作，共同推动酒业数字化转型"，华尔街见闻，2019年4月10日，https://wallstreetcn.com/articles/3509303，2022年1月12日访问。

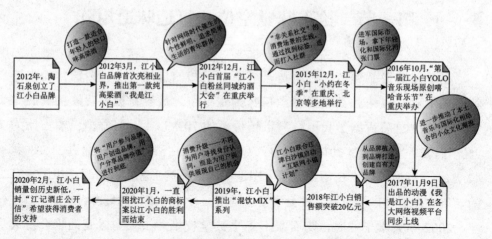

图 1-1 江小白创立至 2020 年 2 月重大事件流程图

（一）江津白沙，小曲清香

没有一个行业能像酒这样，与地域密不可分。从泸州市的泸州老窖，到茅台镇的茅台酒，中国白酒企业大多围绕自己的产区特色做足了文章。

江小白的清香型高粱酒，需要重庆江津当地富硒土地种出来的红皮高粱。20 世纪 30 年代，聚集着酿造作坊的一整条街意外地被大火毁于一旦，老街成了历史，庆幸的是，驴溪酒厂还保留着古法酿酒作坊。"驴溪烧酒，忠守纯粹"不仅彰显着驴溪酿酒工艺的"纯粹"，更是体现了驴溪酿酒人对白酒味道的"忠守"。2016 年，江小白酒业对拥有"重庆市非物质文化遗产——江津烧酒酿造技艺"的驴溪酒厂实施了保护性收购。江小白在打造驴溪品牌的同时，其全部酿酒车间也都按"非遗"酿造技艺来酿造高粱酒，保持了传统工艺和原有风味的统一。这是江小白对味道的坚守。

陶石泉表示："酒行业的本质是给用户提供高质量的产品。""我们想以用户为核心，提供新的酒饮方式，为他们带去愉悦的口感和体验。"[①] 为了生产更适合年轻人"口味"的产品，江小白逐步扎根白沙镇。

[①] 新经销，"江小白2018突破20亿，陶石泉亲述方法论"，酒业家，2019年4月23日，www.jiuyejia.com/p/116776.html，2022年1月12日访问。

（二）新味道，全情景

作为"混沌大学"第 7 期学员，陶石泉在演讲时说道："酒带给人更多的是感性价值，感性价值意味着，首先一定要有差异化的味道。而保证差异化味道前后一致，是个供应链的问题。"①

2018 年，江小白联合江津白沙镇启动了"互联网小镇计划"：在白沙镇建立江记酒庄，不断挖掘产地特色，围绕产区发展全产业链。江小白立志把白沙镇建设成中国酒业的一股新力量：从农庄到高粱示范种植基地，再到打通酿酒、包装、销售等所有环节，打造一个像葡萄酒庄那样能增强消费者体验感的场所。

"坦白地说，这件事自己做，要比我们直接采购原材料的成本要高一点，但为什么做？因为未来我们也希望它能成为一个增强消费者体验感的场所，让差异化的味道融进消费者的记忆。"陶石泉说，"目前，江小白高粱种植的核心面积达 5 000 亩。按规划，其示范种植面积 2 万亩，辐射种植面积达 10 万亩。"②

从纵向来看，江小白的全产业链不仅能保障酒的品质和产量，推动其味道战略走得更远，还可以深耕小曲清香，恢复白沙镇百年前的荣光。同时，江小白也逐步将"味道矩阵"升级为"味道战略"。

▶ ▶ 第二节　无惧模仿者，味道战略升级

（一）同貌，不同味

"任何行业的创新，单靠一家企业的力量是单薄的，中国白酒的年轻化

---

① 陶石泉，"江小白：在传统白酒江湖如何玩出一个时尚品牌？"，搜狐网，2019年1月15日，https://www.sohu.com/a/288944931_99922069，2022年1月12日访问。

② 新经销，"江小白2018突破20亿，陶石泉亲述方法论"，酒业家，2019年4月23日，www.jiuyejia.com/p/116776.html，2022年1月12日访问。

是全行业的挑战。"① 随着年轻群体逐渐掌握消费领域的话语权，他们更加期待品牌的年轻化表达。头部名酒企业感受到了这种趋势，开始努力求变。

2017年，洋河小曲亮相成都；2017年11月，古井小罍子在京东发售；2018年1月，舍得酒业沱小九发布……尤其是2018年以来，小酒市场逐渐升温，老牌酒企郎酒将旗下的小酒产品"小郎酒"纳入核心战略体系，劲酒、青青稞酒、景芝等酒企也相继推出小酒产品。除了洋河小曲和小郎酒外，其他小酒从外观、规格、渠道、宣传语、概念几乎趋同，小酒产品进入严重的趋同时期；从口味上来看，除了复合香型的劲酒和清香型的红星二锅头以外，其他小酒基本上都是浓香型、酱香型的。

但目前知名酒企的小酒产品仅作为一款战略性的补充产品，知名酒企并未将其作为主打产品；而一旦知名酒企全力介入该市场，由于其具有的品牌影响力，健全的销售网络以及强大的技术、资金和原酒储备能力，必然对江小白造成巨大的冲击。而原本就对江小白的味道持观望态度的消费者必然会进行比较。而就在消费者"等待"第二家"江小白"出现的时候，江小白创造出了从单一产品到"ALL-IN 利口化"的味道进化论（见图1-2）。

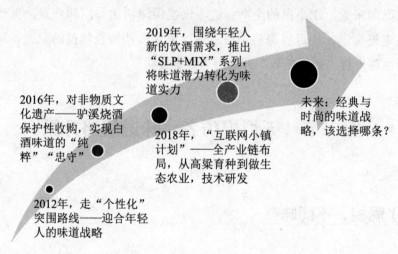

图 1-2　江小白的味道进化论

资料来源：作者根据江小白内部相关资料制作。

---

① 老秦会客厅，"陶石泉的自然生长"，《老秦会客厅》系列节目，2019年10月10日，https://v.youku.com/v_show/id_XNDM5MjM3OTc5Mg==，2022年1月17日访问。

（二）酒饮新文化，味道进化论

1. 小聚、小饮、小心情和小时刻

中国白酒巨大且不断增长的市场规模，与白酒的宴请场景分不开。在中国，宴请者一般会视赴宴者的背景、层级等因素选择白酒，白酒成了一种维系关系或保持体面的媒介。但年轻人喝白酒，不是为了应酬，而是表达情绪，他们的饮酒文化是"不装不端"，打破人和人之间性别、身份的藩篱。

这种白酒消费趋势和传统宴请的关联度很弱，但如果将其放到消费情绪及消费场景里解读就会发现：当前已进入新酒饮时代。江小白用"BROTHER"① 这个词来概括当今时代的消费场景，用情绪"小聚、小饮、小心情和小时刻"② 来表达现代酒饮文化。

2. 纯饮、淡饮、混饮和手工精酿

除了场景，年轻的酒饮文化还要有需求：追求多元化、个性化的消费特征，不喜欢劝酒，讨厌醉酒。年轻人喝酒纯粹是"悦己"。

2019 年 3 月 19 日，江小白围绕年轻人新的酒饮需求，以清香型酒体为基础，升级味道体系：将味道战略升级为纯饮、淡饮、混饮和手工精酿四条味道线（见表 1-1）。江小白通过"SLP 酿造技术法则"推进白酒轻口味化：在既有产品的基础上，进一步降低酒精度，用轻口味进一步降低年轻消费者的进入门槛。2019 年 9 月，江小白与雪碧合作推出"就要这样混"白酒柠檬系列产品。据统计，仅抖音"#江小白＋雪碧#"话题下，单个 1 分钟以内的视频，就获得了超过 120 万的点赞量。

---

① B指的是酒吧（Bar），R指的是餐厅（Restaurant），O指的是办公室（Office），T指的是户外休闲（Travel），H就是在家喝酒（Home），最后加上人（ER）。
② 小聚是指三五个人，同事之间、朋友之间、同学之间的非商务应酬；小饮是不拼酒，点到为止，讲究适度；小时刻是指时刻的经常性和偶然性；小心情是指酒的这个产品是个心情、情绪挂钩，而不只是一种功能性需求。

表 1-1 江小白味道线设计

品类	纯饮 Pure 系列	淡饮 Light 系列	精酿 Smooth 系列	混饮 MIX 系列
	表达瓶	淡饮 25 度	黑标	纯饮淡饮产品
产品				
特点	纯净、无杂香、无杂味	清爽、醉酒度低、酒后轻负担	顺滑、入口轻柔、舌尖回甜	度数更低、味道更丰富

资料来源：作者根据江小白内部相关资料整理。

而与江小白备受热议的味道并存的，还有这家"生产白酒的广告商"多样化的营销手段……

▶ ▶ 第三节 味道携手营销，内容助力品牌

2012 年江小白品牌诞生，2014 年江小白销售额破亿，2016 年江小白进军国际市场，拿下年轻化与国际化两张门票，2018 年江小白销售额突破 20 亿元大关，2019 年江小白销售额超 30 亿元！[①] 八年的时间，其销售额实现了从 0 到 30 亿的现象级增长。江小白从来不缺模仿者，但想玩转年轻人市场，要先找到年轻人的聚集地（见图 1-3）。

扩展阅读 1-1

江小白与消费者的互动机制

（一）小众味道，个性互动

1. 与其在大众的边缘，不如在小众的中心

在江小白之前，中国的白酒市场上从来没有一个品牌敢定位年轻人市场，更没有一个品牌敢做年轻化的创新。因为这种存量市场找增量、放弃大众找小众是一种冒险的定位方式。在传统的白酒市场，老用户是存量市场，喝白酒比较少的年轻人是增量市场，而江小白的清香型高粱酒是一款非常小众口味的产品。

① 搜狐财经，"江小白创始人：2019 年销售收入 30 亿元；关于口感的'批判'要辩证看待"，搜狐网，2020 年 3 月 10 日，https://www.sohu.com/a/378944270_100001551，2022 年 1 月 20 日访问。

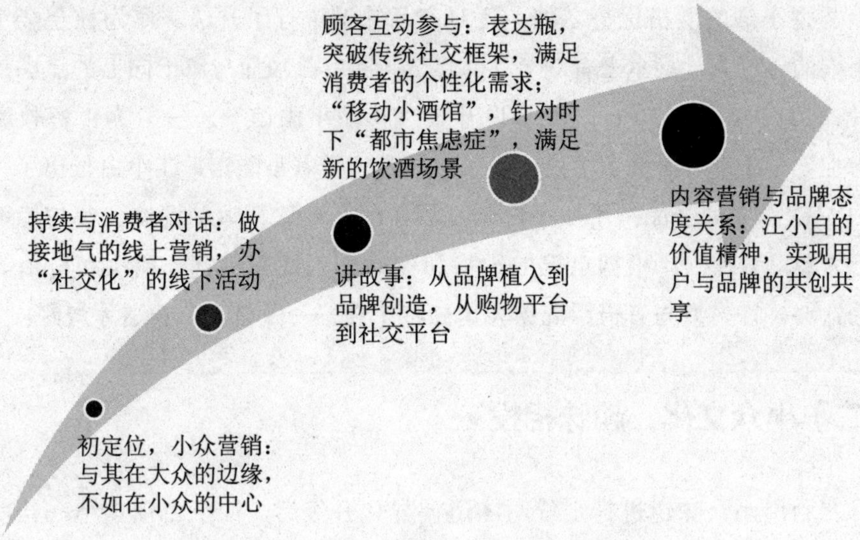

顾客互动参与：表达瓶，
突破传统社交框架，满足
消费者的个性化需求；
"移动小酒馆"，针对时
下"都市焦虑症"，满足
新的饮酒场景

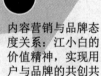

持续与消费者对话：做
接地气的线上营销，办
"社交化"的线下活动

内容营销与品牌态
度关系：江小白的
价值精神，实现用
户与品牌的共创共
享

讲故事：从品牌植入到
品牌创造，从购物平台
到社交平台

初定位，小众营销：
与其在大众的边缘，
不如在小众的中心

图 1-3 "味道场景"营销趋势图

资料来源：作者根据江小白内部相关资料制作。

对江小白来说，在巨大的存量市场上，和那些历史悠久的全国性白酒品牌与区域化优势品牌竞争完全没有优势。但现代年轻人并不喜欢辣口，也不喜欢喝醉，在小众化的增量市场里，江小白拥有自己的突破口——清淡口味的差异化特征成为江小白拉近自身和年轻人之间距离的优势。

2. 匹配小众味道，定制个性包装

打造一款好的产品，不是只有味道。"我们把工作重心放在了重新升级产品，重新定义一款好产品。"[1]陶石泉在接受采访时说。2016 年，"我有一瓶酒，有话对你说"的表达瓶在原有语录瓶的基础上，开通了用户参与的通道：通过表达瓶上的"扫一扫"二维码，进入互动页面，在活动页面写下想说的话，便可"定制"出属于自己的表达瓶。通过双向互动，消费者拥有了自己的定制"鸡汤"。

3. 立足年轻需求，混搭个性味道

为了发掘现代年轻人的需求，江小白除了对产品包装进行升级，充分发

---

① 陶石泉，"江小白：在传统白酒江湖如何玩出一个时尚品牌？"，搜狐网，2019年1月15日，
https://www.sohu.com/a/288944931_99922069，2022年1月20日访问。

挥清香型小酒的混搭优势之外，还对产品味道进行了升级。作为社会金字塔中下端的年轻人，基本上有两个"痛点"：都市孤独症与急于向上的焦虑症。因此，2017 年 6 月 30 日，江小白开设"移动小酒馆"——只为"解救城市焦虑症"。在带给消费者场景化娱乐的同时，借着小酒馆，江小白推出了"江小白 MIX"系列产品：用江小白做基酒搭配其他饮料调制混饮，参与者可以进行混饮"DIY"，根据自己的性格和偏好加入代表勇气、偏执和自由等意义的饮料。许多参与者借用混饮表达独特个性——做自己，味道才最好。

（二）小众文化，趣味相投

在利用小众味道进行定位与味道差异化升级后，江小白锁定小众社群，借此突出产品的人格化表达。

趣味相投的"JFC 朋友会"①：白酒有较强的区域割据性，呈现"群雄逐鹿，各有所长"的特色。如何更好地了解每个地区的味道喜好与酒文化呢？粉丝就是最好的"受访者"。作为约酒大会的升级版本，2016 年，"JFC 朋友会"成立大会依据参会人员的爱好、职业等将其分为 18 个社群，由此对一些特定产品设置不同的级别和权限，并通过社群直销卖货，把线上社群和品牌建设相结合。

扩展阅读 1-2

江小白十周年"车间小会"

小众化的品酒大会：2018 年 10 月，第三届"江小白 YOLO 青年文化节"在长沙举办，现场聚集了近 8 万人。该青年文化节上有目前国内最具影响力的说唱音乐会。在推动小众化本土音乐与国际化音乐相结合的同时，江小白借势推出"YOLO 有路清淡型高粱酒"，用最直击人心的原创说唱表达"江小白"的激情与年轻的味道。微博官方话题"＃江小白 YOLO 青年文化节＃"阅读量破 1.3 亿；在抖音上"YOLO""江小白"等相关话题的视频播放

---

① JFC（Joybo Friends Club），即"江小白粉丝后援会"。2016 年"江小白品牌创新创业约酒会暨JFC朋友会成立大会"在重庆永川举行，在成立大会上提出"只要有江小白的经销商，就会有JFC朋友会"，见江小白官网，2016年11月28日，http://www.ijovo.com/report/detail/396，2020年8月25日访问。

量已远超 800 万，微信指数中"YOLO"关键词在 10 月 5、6、7 日均破 10 万，日环比增长率高达 72.25%。[①]

（三）气质味道，小白精神

在小众文化推动产品的人格化取得不小反响的同时，"江小白是最难喝的酒里营销做得最成功的，没有之一"等对江小白的味道、内容营销质疑的言论依旧盛行……

1. 持续品牌沉淀，传达味道文化

江小白利用最多的是免费社交媒体——新浪微博、微信公众号等，截至 2020 年 8 月，江小白的微博粉丝数量超过 54 万人，微信公众号约有 50 万名粉丝，多篇文章的阅读量破 10 万。在微博，江小白通过对社会议题持续发声，引发与消费者的线上互动：2020 年新冠肺炎疫情期间，江小白推出"# 深夜酒话 #"微博话题，在一个周内便拥有了将近 700 万的阅读量。通过平台互动，江小白更贴近、了解年轻人，更融入消费者日常的线上社交生活（见图 1-4）。

扩展阅读 1-3

新媒体下江小白宣传方式

图 1-4 2020 年新冠肺炎疫情期间江小白微博话题

资料来源：作者微博搜索江小白微博账号截图。

---

① N信息荟萃，"江小白YOLO青年文化节的万人盛况背后，是一场情绪释放的集体狂欢"，搜狐网，2018年10月10日，https://www.sohu.com/a/258531274_100236348，2022年1月20日访问。

除了线上互动，2017年11月，江小白的自有品牌动漫《我是江小白》上映，第一季的播放量达到了2亿次。[1]在获得不错反响后，2018年11月《我是江小白Ⅱ》也如期上映。动漫讲述了"江小白"独有的故事，将江小白塑造成一个有血有肉、有情感、有个性的"人"，传达其鲜活的生命力和真实的情感。

2. 深耕企业文化，产生情感共鸣

动漫中，小人物通过认真努力获得持续改善气质的小白精神，与江小白年轻、多变的企业文化相应和。每个企业品牌的背后是他们坚守的企业文化，真正的企业文化不是用语言描述出来的，而是企业产品、员工甚至是消费者的特质。

这个员工平均年龄只有26.5岁的公司，本质上就是3 000多个"江小白"的联合体。那种小人物通过认真努力获得持续改善自身的气质味道，在公司内部被称作"小白精神"。陶石泉曾说过："因为热爱，所以才能做到数一数二。"[2]"小白精神"是这个时代所有年轻人应该具有的正确品格，"人人都是江小白，简单些，纯粹些"。利用"小白精神"，江小白与消费者产生了情感共鸣——"通过江小白，看到了自己。"

从江小白的横向发展可以看出，江小白拥有三条轴线：一是以农庄、酿酒等于一体的全产业链味道矩阵，二是以纯饮、淡饮、混饮和手工精酿为代表的新酒饮味道线，三是以小众社群、"小白精神"等衍生的味道文化网。而通过口味创新的江小白，是否已"抓牢"了年轻消费者呢？

▶ 第四节　口味创新，能否历久弥新？

2020年8月25日的七夕节，江小白在表达瓶的基础上推出"七夕定制"活动：没有新的产品混饮，这次的江小白"低调"了许多。江小白是暂停口味创新，仅在原有产品的基础上"拼搭"节日、活动等标签，还是继续发现需求，打造适合现阶段消费环境的创新口味，更有利于扩大销售、刺激消费？

---

[1] 陈恺，"《我是江小白》全网总播放量过亿 收获大批粉丝"，网易娱乐，2018年1月29日，https://www.163.com/ent/article/D9AV4I4B00038793.html，2022年1月20日访问。
[2] 公关营销，《小众文化真的是新一代营销利器吗？》，《公关世界》，2018年11月16日，第63页。

放眼未来，在全球各个领域里，有很多优秀的企业历经百年历练，它们既是经典也是时尚。而江小白的主要消费人群是这个时代的年轻人，但再过五年、再过十年呢？属于这个时代的年轻人将会"老去"，他们的味道选择会随着消费能力与消费倾向的变化而变化。对于江小白来说，它是跟着这批"年轻人"的变化而改变自己的产品定位、味道战略，让自己的品牌成为这个时代的经典，还是放弃"老去的"消费群，将江小白打造成适合各个时代年轻消费者口味与消费观的"时尚单品"？对于这个问题，这个"年轻"的企业还在继续探索。

▶ ▶ 启发思考题

1. 江小白品牌进军年轻一代，可能会面临哪些机遇与挑战？

2. 面对知名品牌的小酒市场竞争，江小白如何借助味道场景，助力战略升级，实现白酒的年轻化独特表达？

3. 新兴品牌如何通过创新突破线上、线下的全渠道营销，来完善自身的品牌建设，塑造品牌的持续影响力？

教学视频

▶ ▶ 参考文献

[1]　王俪霖. 火到出圈的江小白车间小会, 郑重声明了什么？[N]. 华夏酒报, 2021-11-30（C13）.

[2]　崔佳怡. 新媒体环境下酒品牌传播策略研究——以江小白和剑南春为例 [J]. 传媒论坛, 2021, 4（23）：161-163.

[3] 范晓玉. 代理或代表关系引发的商标纠纷——以指导案例"江小白商标纠纷案"为例 [J]. 中华商标，2021（09）：7-10.

[4] 徐艳红. 最高人民法院发布第 28 批指导性案例 [N]. 人民政协报，2021-08-03（12）.

[5] 刘珂昕. 江小白营销面临的问题及对策分析 [J]. 中国商论，2021，（07）：47-49.

[6] 陶石泉. 江小白的新思考：以用户为中心的数字化实践 [J]. 销售与市场（管理版），2021（06）：60-63.

[7] 奚宝赟. 新媒体环境下的快速消费品广告创意研究——以江小白为例 [J]. 新媒体研究，2020，6（24）：45-48.

[8] 夏璐. 雪碧×江小白：年轻就要越混越对味 [J]. 销售与市场（管理版），2019（11）：101.

第二章

引爆会员经济：开市客初入中国大陆市场的挑战

2019 年 8 月 27 日一早，上海市闵行区朱建路附近就涌入了大量人流，使交通陷入瘫痪。是什么引起了这么大的轰动？答案很快揭晓。当天上午 9 时，开市客在上海市闵行区正式开张营业，"疯狂"的消费者在卖场内进行着"掠夺式"的抢购，价值 1 498 元的茅台、近 4 万元的香奈尔手袋和 10 万元的爱马仕手提包早早被一扫而空。399 元的寇依香水（天猫旗舰店卖 660 元）、4 瓶贝德玛卸妆水 449 元（天猫旗舰店单瓶卖 168 元）、MCM 皮质双肩包 4 399 元（天猫旗舰店卖 5 500 元）等超低价商品每次一上架就引发消费者的哄抢。开业短短两三个小时客流量就已近 2 万人，1.4 万平方米的大卖场人山人海，寸步难行，22 个收银口全部开放，结账依然要排队等候 2 个小时，并且仍有大批顾客涌入（见图 2-1）。

图 2-1　2019 年 8 月 27 日开市客开业现场

当日上午 11 点半，商场不得已实行限流措施，将人数控制在 2 000 人以内，等候入场的顾客为此与商场保安发生大量摩擦，引发闵行公安分局的注意。下午 1 点，开市客接受公安建议，宣布因人流量过大当日暂停营业（见图 2-2）。

图 2-2　开市客开业当天接受公安建议暂停营业

资料来源：微博截图。

这是美国零售巨头开市客在中国大陆市场的第一家门店。自 1985 年进入加拿大市场以来，开市客 30 年间在美国之外的 10 个国家和地区建立卖场。中国大陆市场是其进入的第 11 个国际市场，开市客独特的仓储会员制能否在这里续写辉煌呢？

第一节　开市客在美国

（一）开市客企业背景

开市客的总部位于美国华盛顿州的伊萨夸。在上海开店之前，开市客在全球 11 个国家和地区设有超过 700 家分店，其中大部分位于美国境内（见表 2-1）。海外市场主要面向加拿大顾客，上海闵行分店是开市客进驻中国大陆的首次尝试。

表 2-1 开市客全球门店分布统计

单位：个

地区	冰岛	英国	法国	西班牙	日本	韩国	中国台湾	澳大利亚	加拿大	美国	墨西哥
个数	1	28	1	2	26	14	13	9	98	519	38

资料来源：根据亿欧智库整理。

说到开市客，就不得不提另一家名为普莱斯会员店（Price Club）的公司，这家公司是全球第一家采取会员制的仓储批发零售店。开市客的创始人吉姆·辛内加尔（Jim Sinegal）在普莱斯会员店工作了 7 年，从一个床垫装卸工成长为总店的经理。据他回忆，他从老板索·普来斯（Sol Price）那里学到了很多打破零售业常规的管理方式，比如不做广告，不收流行的几种信用卡，只有成为会员才可以进入卖场购物；再比如严格限制利润，拒绝从消费者那里得到多余的每一分钱。1983 年，吉姆从普莱斯会员店辞职后，与杰弗里·布罗特曼（Jeffrey Brotman，现任开市客主席）共同成立了开市客。1983 年 9 月 15 日，开市客在美国华盛顿州西雅图市开设了第一家仓储量贩店，传承了普莱斯会员店绝大多数的经营理念。1993 年，普莱斯会员店和开市客合并成为 Price Costco，并于 1999 年正式更名为开市客股份有限公司。

（二）开市客经营理念

开市客以会员制为主要特点，主要面向中产阶级，在 2015 年成为全球第二大零售商。截至 2018 年底，开市客年销售额达 1 415 亿美元，净利润为 31.34 亿美元。虽然比零售巨头沃尔玛晚成立 20 年，年销售额也仅是对方的三分之一，但开市客的客单价达到 136 美元，是沃尔玛的 2 倍多；坪效 14 000 美元 / 平方米，是沃尔玛的 2 倍；单店收入 2 亿美元，是沃尔玛的 4 倍。[①] 与沃尔玛于 1983 年推出的高端会员制商店——山姆会员商店相比，开市客的全球会员人数超过 9 270 万人，老会员续费率超过 90%，而山姆会员商店

---

① 刘润，"开市客终于在中国开业了，分析称想要盈利需注意电商冲击"，新浪财经，2019年8月27日，http://finance.sina.com.cn/stock/relnews/us/2019-08-27/doc-ihytcern4037798.shtml，2022年1月3日访问。

有5 000万名会员，续费率仅为70%。[①] 面对连续二十年蝉联世界零售冠军的沃尔玛，年纪轻轻的开市客是如何艰难存活并寻求超越的呢？

1.高性价比的商品

为提供高性价比的商品，开市客有一套独特的管理模式：其提供不超过4 000个SKU（stock keeping unit，即库存进出量的基本单元，可以是以件、盒、托盘等为单位），每样商品只有两三个品牌，每种商品都是老板亲自挑选并使用过的，节约了消费者选择的时间，同时提升了与供应商的议价能力；拥有自营商品，例如全美销量第一的健康品牌科克兰（Kirkland Signature）；从源头把控商品品质，缩短供应链，降低进货价；严格控制毛利润在14%以下，超过这个数字需要首席执行官（CEO）、董事会层层批准，毛利率水平大大低于沃尔玛和亚马逊（35%）[②]，主要靠会员收入盈利（见图2-3和图2-4），进一步压低商品售价。

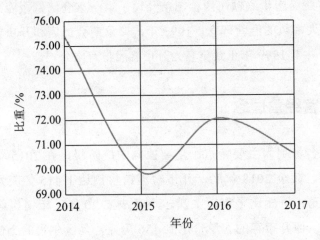

图2-3　会员费收入占营业收入比重变化

① 赵驰，闫岩，"有人愿为比开市客更贵的山姆高级会员买单 但大超模式怎破'拉新'难题"，北京商报，2019年10月17日，http://baijiahao.baidu.com/s？id=1647646297247490503&wfr=spider&for=pc，2022年1月5日访问。
② 卢致珍，米娅，"开市客和山姆，真的会'伺候'中国人吗？"新浪财经，2019年8月25日，http://finance.sina.com.cn/stock/relnews/us/2019-08-25/doc-ihytcern3428714.shtml，2022年1月5日访问。

图 2-4　会员费收入和销售净利润对比

资料来源：作者根据开市客企业财务报表整理。

2. 宽松的退换货（卡）政策

开市客的会员卡可以随时取消，并且全额退还当年会员费（但会员退卡后，开市客在半年内有理由拒绝该会员的再次办卡要求）；会员卡有 60 美元的普通卡和 120 美元的超级卡可选，超级卡可享受 2% 的消费返现，方便消费者自行选择。商品退换更为宽松，消费者在开市客购买的所有商品都能不限时（数码和电子商品购买 90 天以内）无理由退款退货，过完圣诞节死掉的圣诞树、13 年前买来忘吃的鱼都能得到退款。

3. 舒适的顾客购物体验

开市客的市场定位意味着购物过程的舒适体验非常重要，卖场内部空间宽敞，方便大型推车掉头；奢侈品与价格较高的商品（如电器、手表等）通常陈列在一进门的位置，越往里走商品的价格越便宜；顾客常购的商品都在卖场最里面，而冲动性购买的商品则放在出口的收银台附近，增加了顾客购买的可能性。卖场内导购标志少，也没有导购人员。还会经常调换货品的位置。按理说这样可能会降低客户的体验感，但由于 SKU 少，找到购物清单中的商品并不难，消费者在探索挖掘的过程中还经常会有意外的收获。

4. 顶级的员工福利待遇

开市客付给员工的时薪是 22 美元,是美国零售业平均时薪(11.24 美元)的近 2 倍①。同时,开市客还提供配套的医疗养老保险和年假计划,就职 1 年后,员工的退休储蓄账户就可获得股票期权奖励。2018 年开市客员工(工作 1 年以上)留存率达到 94%,远高于行业平均水平。1997 年开市客在中国台湾高雄开设第一家门店,当时遇到了会员人数少、销售量惨淡的危机,身陷困境时其他企业可能会选择大幅裁员,然而开市客非但没有裁员,反而提高了职员的待遇。这项决策,不但解决了员工们的后顾之忧,还使团队更加团结。从那以后,开市客的每位员工开始自发地在亲朋好友之间宣传自己的企业,开市客用"最笨"的方式打开了中国台湾市场。

(三)开市客美国本土的挑战

尽管开市客在美国取得了相当大的成功,但它也面临着许多挑战。稳居世界零售榜首的沃尔玛早已将开市客列为自己的头号竞争对手,其旗下的山姆会员商店与开市客同为仓储式会员店,在全球坐拥 5 000 万名会员,与开市客正面对抗。线上零售巨头亚马逊让越来越多的美国人养成了网购的习惯,随着物流体系的发展和人们消费习惯的改变,只专注于线下市场的开市客可能会受到更大的冲击。除此之外,随着城市化趋势的发展,越来越多的人向城市地区靠拢,而能容纳开市客的大空间在城市地区相对来说更难获得。就算有合适的房产确实存在于城市地区时,其房产价值往往更高,从而导致了更高的间接成本。另外,开市客在美国也因经营方式而受到批评。批评人士认为,开市客对客户和员工过于慷慨:"在开市客,做员工或客户比作为股东更好。""员工的钱都是从股东的口袋里拿出来的。"在美国这个推崇"股东至上"的国度,开市客的经营模式似乎有些格格不入。

面对国内激烈的竞争,为了进一步扩大业务范围,开市客将目光转向了国际市场。

---

① 邓新明,"开市客上海被挤爆!会员卡卖出16万张,玩了43年'新零售',它是如何做到的?",新浪财经,2019年8月28日,http://finance.sina.com.cn/stock/relnews/us/2019-08-28/doc-ihytcern4110441.shtml,2022年1月5日访问。

（四）开市客的国际扩张

20 世纪 90 年代初期，开市客开始进行国际扩张，它将目标对准了北方和南方的邻国，这是它的第一次国际冒险。1985 年开市客进入加拿大，由于文化上的相似性，开市客在加拿大卖场中存放的产品与其在美国卖场中选择的产品非常相似，这种美国式的购物体验吸引了越来越多的加拿大消费者。1992 年开市客通过与墨西哥最大的连锁超市 Controladora Comercial Mexicana（CCM）合作，进入墨西哥市场。1993 年开市客与法国零售商家乐福（Carrefour）达成合资协议后，在英国的埃塞克斯开设了第一家门店。

20 世纪 90 年代中期，开市客在北美和欧洲进一步扩张后，将目光投向了新大陆——亚洲市场。1994 年，开市客授权韩国主要零售商新世界百货公司（Shinsegae）在韩国首尔开设并经营仓储式会员店，这是开市客在亚洲的首家门店。在随后的五年时间里，开市客进入中国台湾和日本市场，然而进展并不顺利。

1997 年开市客进入中国台湾市场，在高雄市开设了第一家分店。但对当时的台湾消费者来说，美式卖场仍是极为陌生的消费场所，更不用说开市客需要先付会员费才能进入卖场购物。由于消费者对开市客品牌的陌生感和不信任感，前来办卡购物的人寥寥无几。这种状态在台湾一直持续了五年，直到后来在分店员工的共同努力下越来越多的人开始相信开市客的品质，开市客才最终走出了台湾市场的低谷。

开市客在亚洲的另一个市场——日本市场的扩张同样遇到了阻碍。开市客于 1999 年在日本开设了第一个卖场。但那时几乎没有人认为开市客会在日本取得成功。因为日本的平均住房面积只有美国的 60%，平均入住率却比美国高 40%，房屋内缺乏足够的存储空间来存放开市客计划供应的大宗商品。除此之外，日本的 46 家百货商店和超市都离生活区很近，很容易在短时间内到达，所以日本顾客不希望经常长途跋涉到开市客的卖场购物。考虑到这些问题，开市客对日本市场的扩张策略进行了调整。开市客通过储备多种鱼类、绿茶、海草以及进口商品和品牌商品来吸引富人消费者，这些消费者有私人交通工具，也不经常购物。另外，开市客还瞄准了大量购买转售的中小企业。一些中小企业更喜欢开市客的低价策略。开市客通过提供优质的客户服务和慷慨的退货与退款政策，来获取这些中小企业的信任，以确保他们持续购买的习惯。这些措施使开市客在日本市场站稳了脚跟并获得持续发展。

随着美国市场的成熟，国际扩张对维持开市客的发展更为重要。在扩张到加拿大、墨西哥、英国、韩国、中国台湾和日本之后，开市客面临的问题是下一步该往哪里扩张。这时，高速发展的中国大陆走进了开市客的视野。

▶ ▶ 第二节　中国大陆市场选择

扩展阅读 2-1

上海经济
发展现状

中国位于亚洲东部，目前是亚洲第一大经济体和世界第二大经济体，拥有完善的现代化基础设施（交通、生产、通信、教育和卫生等）。截至 2018 年底，中国拥有近 14 亿人口（不包括香港、澳门特别行政区和台湾省以及海外华侨人数）。在通信方面，中国迎来了 5G 时代，为中国社会经济的发展打通了"信息大动脉"。在交通基础设施方面，中国高速铁路、高速公路里程以及港口万吨级泊位数量等均位居世界第一位，机场数量和管道里程位居世界前列。在经济发展方面，2018 年中国的国内生产总值突破 90 万亿元大关，总量稳居世界第二位。①

尽管中国还存在贫富差距大、地区发展不平衡等问题，但中国拥有现代化的基础设施，发达的法律和通信部门，健全的金融体系（相对发达的货币市场、外汇市场和资本市场），这些都符合外部投资者的需求条件。其中上海就是外部投资者进入中国的首选之一。

上海是中国经济、金融、贸易、航运和科技创新中心，它几乎囊括了所有的金融市场要素，被 GaWC（全球化与世界城市研究机构）评为"世界一线城市"。在经济方面，上海是中国的经济中心。上海地区高校云集，每年毕业生和海内外优秀人才的引入充实了上海的劳动力市场（每年海归人才中四分之一进入上海工作）。在招商引资方面，上海市政府连续发布进一步促

---

① "2018年中国经济'成绩单'今日揭晓"，金融界，2019年1月21日，https://baijiahao.baidu.com/s? id=1623224272243117252&wfr=spider&for=pc，2022年1月5日访问。

进外商投资的相关意见，为外商投资提供了一系列优惠政策。上海居民的消费方式正处于消费升级的转变期，消费者开始追求生活品质，在消费观念中更注重体验，他们正在养成在闲暇时间前往上海各大商业区观光和采购的习惯。除此之外，上海消费者的思想较开放，他们面对国际新品牌时表现出的适应力，让各大国际品牌纷纷将上海视为进入中国市场的第一站。

各种优势条件集中于上海，让上海成为开市客进入中国大陆市场的不二选择。

第三节　空降上海滩

相比于在台湾高雄的艰难起步，开市客空降上海的进展似乎更为顺利。事实上，空降上海并不是一时兴起，此次在中国大陆的扩张计划，开市客已经酝酿了五年。2014 年 10 月，开市客以天猫国际为跳板，在中国大陆首次露面，主要出售自营商品。试水三年后，开市客在 2017 年 9 月开设第二家天猫旗舰店，品类扩展至数码家电、家居百货、红酒咖啡等，营业额非常可观。开市客在中国的调研团队声称："上海乃至华东消费者的热情给了我们非常正面的反馈。这表明中国的消费者已经非常国际化，他们的心态更加开放，消费能力更高，消费观念更加成熟。他们有能力鉴别并消费来自全球的地道商品。"从过去五年的订单来看，开市客的消费者主要集中在华东地区，上海尤甚，其中来自上海闵行区、浦东区的订单数量非常大。上海作为当前中国经济发达的城市之一，发展了一大批收入可观并追求品质的消费者，而这部分消费者正是开市客的目标客户。

开业前三天，开市客就组织了一场探营解密之旅。卖场面积近 1.4 万平方米，采用开市客标准规格的一层楼面，平层大仓库，有 3 400 个 SKU，以进口商品为主。稍有不同的是，生鲜区出现了活鱼包装，照顾到了中国消费者的饮食习惯。除商场外围有大片停车场外，考虑到人口密度，开市客还拥有二三层室内停车场，共计 1 200 个停车位，是全球门店之最（见图 2-5）。

图2-5　开市客上海闵行店

资料来源：作者根据公开资料整理。

（一）目标客户

不同于大卖场多元的顾客群，开市客的目标客户实际上只有一种——他们在消费理念上有教徒般的操守，欣赏简单、高效和高性价比的商品。开市客的会员是富有男性气质的，他们要么不购物，要么就是只买真正需要的，一旦觉得某样商品合适，就会不限份量和次数的频繁购买。当开市客认准这样一群人之后，它把这些人聚集起来，让自己成为他们的采购代理人，帮他们去采购甚至生产符合他们价值观的商品，而面积通常达到上万平方米的开市客店铺，其实就是会员们的储藏室，他们以"商议"好的内部价来结算商品，然后将商品带回家。如果给这批人划定一个范畴，"中产阶级"是一个合适的选择。

2018年艾瑞咨询将中国的消费者划分为三个阶级，分别为轻中产、新中产与普通大众。其中，轻中产阶级的年龄结构为"80后""90后"和"95后"，他们的消费观念中，更注重品质，对价格敏感度适中，但对品质有较高的要求，至于是否是名牌都无关紧要。对于新中产阶级来说，年龄结构以"80后"为主，他们的消费观念中，更注重体验，对价格的敏感度比较低，但对品质有较高的要求，如果是名牌则对他们更有吸引力。根据开市客极致会员体验的主张以及从质优价低的商品选择上看来，轻中产阶级和新中产阶级均在开市客的目标客户之列。

（二）本土竞争者

提到仓储会员制商店，就不得不提开市客的老对手山姆会员商店。作为沃尔玛旗下的高端会员制商店，山姆会员商店于 1996 年进入中国市场，至今已有二十多年的历史。山姆会员商店的在华会员注册数超过 220 万人，会员续费率达 70%。而山姆会员商店的重心恰好也是华东地区，在此坐拥 12 家门店，占全国总数的 46%。2019 年 6 月 28 日，在距离开市客 15 公里远的地方，山姆会员商店在上海的第二家分店正式营业（见图 2-6、图 2-7）。

图 2-6　山姆会员商店上海青浦店

资料来源：http://www.sohu.com/a/323642754755243。

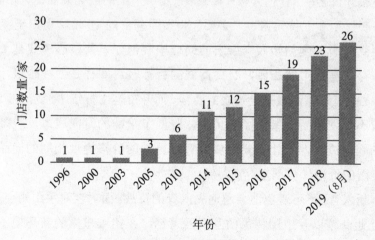

图 2-7　山姆会员商店中国门店数量变化统计

资料来源：根据公开资料整理。

在中国市场，山姆会员商店的本土化转型基本完成，与"新零售"的结合初见成效，线上线下融合发展，采用"前置仓＋即时配送"的运营模式，提升了会员的购物体验与门店服务半径。虽然开市客在华短短三天就积累了"10万名粉丝",但无论是会员数量还是经营规模,开市客都远远逊色于山姆会员商店,不过相对于山姆会员商店的开店筹备期,开市客的建设周期要更短(开市客的筹备期为2年,山姆会员商店的筹备期为3~7年),后劲十足。

除了山姆会员商店的实体线下竞争,当前在中国零售市场上风生水起的"新零售"也对开市客形成了挑战。其中极具代表性的"新零售"企业盒马鲜生正是起源于上海,其"线下体验,线上消费"的模式深入人心,加上"3公里30分钟内送达"的超高配送效率,给顾客带来了极致的消费体验。另外,像超级物种和每日优鲜这样的"新零售"企业也早已落户上海等中国一线城市。然而,目前开市客的线上业务仅限于其在天猫商城开设的为数不多的店铺。如何应对"新零售"的挑战,是摆在开市客面前的一大难题。

除了"新零售",中国本土制造企业的竞争同样棘手。2019年9月6日,开市客刚进入中国两周,背靠中国制造优势,同样质优价廉的中国公司——必要商城就向开市客发起了正面挑战。当日必要商城副总裁苗芳赫带队考察开市客后说:"同样的东西,必要商城比开市客至少便宜30%",并当场宣布正式挑战开市客:"任何人,只要发现'必要'上的同类商品比开市客的贵,通过'必要'App上传凭据,'必要'将按照差价的10倍给用户奖金!"[①]

必要商城由百度创始人李彦宏的助理毕胜创办,其核心模式是大厂牌直供,零库存。与开市客相比,必要商城的目标客户同样是中产阶级,同样以品质为中心,但必要商城完全是线上经营,而开市客主打线下经营。相比之下,线上经营不仅使消费者节约了会员费,降低了采购的时间成本,也降低了必要商城的仓储成本,这让必要商城能够以更低的价格提供相同的商品,使开市客在美国的价格优势不复存在。

作为新入者,不可避免地会遭遇先入者的挑战。面对老对手山姆会员商店、其他同行业商超以及中国特色的互联网营销,在困难重重的新环境下,开市客能否延续其在美国的成功呢?

---

① 梁斌,"挑战开市客,真的很有'必要'?"新浪财经,2019年10月23日,http://finance.sina.com.cn/chanjing/gsnews/2019-10-23/doc-iicezuev4181893.shtml?cre=sinapc&mod=g,2022年1月20日访问。

第四节　热搜与热议

2019 年 9 月 3 日，开市客又一次登上微博热搜，但这次并不是之前开业的爆满，而是退卡消费者的长队（见图 2-8）。

图 2-8　开市客顾客退卡排起长队

资料来源：新浪财经。

部分顾客反映，原本大家宁可排长队也要来开市客购物是因为里面的东西性价比高。然而，开业几天后，原来售价为 1 498 元一瓶的飞天茅台酒没有了，原本售价 32.9 元的两瓶装味全冷藏牛奶，现在也调到了 53.9 元。① 很多"抢破头"的东西已经下架，优惠力度也不如以往，再加上门店离市区较远，来回的时间成本和运输成本比较高，不少会员因此选择退卡。登上热搜的开市客又一次引发了热议，"开市客的会员制在中国行不通"的说法甚嚣尘上，刚刚开业的开市客真的走到末路了吗？

事实上，开市客的成功很大程度上依赖于美国本土市场。在美国，很多家庭，尤其是"中产阶级"家庭，他们往往居住在郊区的别墅，住房面积较大，同时远离市中心和大卖场，因此每周一次的采购活动早已成为他们的习惯。加上家庭人口数量较多，开市客的城郊定位和"大包装"刚好能够满足他们的需求。然而，中国的情况恰恰相反，很多"中产阶级"家庭住在人口密集的住宅区，住房面积相对较小，周边的菜市场、便利店和超市比较发达。他

---

① 李昂，"排队办卡到排队退卡 开市客一周就'退烧'？"，新浪财经，2019 年 9 月 5 日，http://finance.sina.com.cn/roll/2019-09-05/doc-iicezzrq3597514.shtml，2022 年 1 月 30 日访问。

们往往习惯于按需多次采购，加上家庭人口偏少，所以每次的采购量不会太大。而上海开市客沿用了美国开市客的策略，这就意味着上海的开市客消费者可能需要将消费习惯转变为每周一到两次，每次大批量的采购。对于有些消费者而言，这样的改变并不容易，因此他们选择了退卡。

除了面对消费习惯改变的困境，中国的电商环境也对开市客的发展提出了挑战。自2010年前后兴起电商大潮以来，盒马鲜生、超级物种、必要商城等"新零售"企业出现，加上天猫、京东等老牌线上霸主的持续发力，让重心在线下业务的实体零售受到了巨大的冲击，而开市客恰好专营线下业务。这种业务模式，在美国或许不会受到太大的挑战，因为美国的人口密度很低，居住区和商业区相距几十千米，很难出现外卖小哥30分钟生鲜送餐和快递员送货上门的情况。而在中国，尤其像上海这样的一线城市，物流体系发达，配送效率高，人们无须驱车几十千米去卖场采购，只要通过电商平台就能买到新鲜的生鲜和全球各地的商品。虽然开市客有自己独特的优势，但在中国市场，"中产阶级"消费者面对着太多的选择，他们有足够多的理由选择开市客，也有足够多的理由拒绝开市客（见表2-2）。

表2-2 部分企业会员权益对比

权益内容	京东 Plus	苏宁 Super	亚马逊 Prime	考拉海购	山姆会员店	开市客
会员年费/元	148～198	149	288～388	279	260	199
返利	0.5%～2%，上限500元，京豆形式	2%，上限500元，云钻形式	无	无	无	超级卡2%
会员价	Plus会员价	Super会员日专属价	会员专享折扣	黑卡价	会员价	会员价
免运费券/月	5张6元券	2张5元券，1张海外购10元券	国内全免运费，海外购200元免运费	2张10元券	满2 000元指定区域免费配送	无
专属客服	专属客服优先解答	专属客服专线服务	无	无	无	无
优惠券	专属券（按会员级别）	专属券	无	自营商品折上9.6折，黑卡专享券		

续表

权益内容	京东Plus	苏宁Super	亚马逊Prime	考拉海购	山姆会员店	开市客
退换货	自营商品免运费，免费上门取件	自营商品免费上门取件	无	极速退款	限时无理由退换货	随时无理由退换货
电子阅读	无	5 000本	无限次阅读	无	无	无
跨平台权益	爱奇艺黄金VIP会员	PP影视和体育会员	无	无	无	无
其他	服饰折扣券、专属购物节	清洗保养折扣	无	2张10元税费券	免费停车、精选商品	免费停车、精选商品

资料来源：作者根据内部资料自行整理。

除此之外，开市客在美国能够保证其SKU组合独一无二性的后端支撑，在于它的巨大供应链，保证销量足够大，从而能够将价格压到其他竞争对手望洋兴叹的地步，同时保证商品质量足够优秀，实现高质量低价格，从而做到一枝独秀。然而在中国，开市客对大陆的供应商还没有很强的议价能力。目前上海开市客的商品主要由台湾省供应，由顺丰提供"台湾—大陆干线＋清关＋派送"的物流服务。但这并不是长久之计，下一步开市客将如何选择？是继续在上海开店形成规模效应，还是开拓其他城市的新市场？

扩展阅读2-2

开市客在中国的发展

第五节　未来的挑战

虽然刚开业几周，但摆在开市客面前的困难却很复杂。从短期来看，开市客首要解决的就是生存问题。面对退卡潮的持续扩大、客流量的不断流失，以及外界舆论的质疑，开市客将如何应对？从中期发展看，开市客需要决定是否实行本土化战略，但有着同为外资零售巨头家乐福和麦德龙的前车之鉴，开市客需要更加谨慎地做出决定。从长期战略看，开市客需要全盘考虑在中国的扩张，是否要在上海继续开店？未来是否会进入其他城市？时间和方式上该如何选择？

启发思考题

1. 从线上转战线下时，开市客为什么选择上海作为切入点？

2. 为什么开市客内有人疯抢的同时，也有人执意退卡？试分析开市客面对的中国大陆市场与美国市场有何不同。

3. 开市客在中国大陆市场的对标对象是老对手山姆、德国品牌麦德龙，还是国内新兴企业盒马鲜生、永辉超市等？

教学视频

参考文献

[1] 杨海丽，肖万根，王辉. 开市客与中国新零售代表企业的竞争力比较 [J]. 贵州商学院学报，2021，34（01）：31-39.

[2] 韦玮. 开市客商业模式研究——基于商业模式画布理论 [J]. 现代商业，2021（07）：3-5.

[3] 佚名. 开市客在深设华南总部 [J]. 中国外资，2020（19）：82.

[4] 周勇. 开市客到底能走多远 [J]. 中国商界，2019（10）：50-51.

[5] 陈歆磊. COSTCO 三问：当外资零售纷纷败走中国，开市客能够持续成功吗？[J]. 中国外资，2019（19）：82-83.

[6] 牛永超. 具有代表性的大型零售企业自有商品发展趋势与对策 [J]. 商业经济研究，2017（05）：96-98.

[7] 赵雪娇，朱向梅. 供应链体系下大型零售企业竞争力提升关键影响因素研究 [J]. 商业经济研究，2015（28）：24-25.

[8] 余雪杰. 国外零售企业供应链管理经验及对我国本土企业的启示 [J]. 改革与战略，2017，33（06）：196-198+202.

[9] 陈奕男. 中外零售业营销模式的差异化研究 [J]. 商业经济研究，2016（04）：42-44.

[10] 王瑞丰，韦恒. 我国零售市场约束机制研究——基于零售业盈利模式转换的视角 [J]. 北京工商大学学报：社会科学版，2014，29（02）：39-45.

第三章

权衡流量红利：小红书用户 与商业化的探索

小红书是一款分享生活方式的应用软件（App），在小红书社区，人们通过分享文字、图片、视频的笔记，来记录生活、分享生活（见图3-1）。

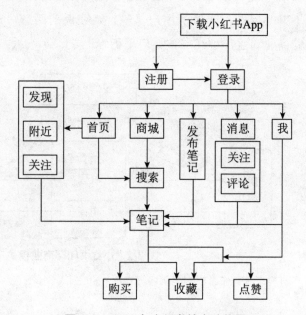

图 3-1　2009 年小红书核心功能图

资料来源：作者根据小红书功能自绘。

2020 年是小红书成立的第七年，在成立的前六年，小红书取得了巨大的成就：被评为中国品牌，估值 30 亿美元，成为 3 亿用户选择的种草平台、社群电商、流量洼地。然而，自 2019 年起，小红书被曝出监管不到位的问题：数据造假，种草笔记代写，商品质量差，售后不到位。这些问题不仅导致用户体验下降，还导致小红书被央视点名批评。2019年7月末，小红书App相继在安卓、ios系统的应用商店下架。

扩展阅读3-1

UGC模式

作为一家靠用户生产内容的UGC①平台，小红书被曝出的种草笔记代写、数据造假、内容监管不到位等问题，降低了用户对平台的信任，而商城客服效率低、用户炫富等文章，有损用户的体验。面对用户诉苦的同时，小红书自身也有苦恼。尽管小红书完成了"社区—流量—商城"的商业闭环（见图3-2），但用户往往在小红书上浏览后会到其他平台购买商品，导致"商城难以赚钱养家"。小红书的广告业务是小红书营收的支柱，但因扶持广告业务带来的平台内容质量下降等问题，降低了用户体验。跷跷板的两端，一端放着用户体验，一端放着商业利益，小红书该如何平衡？

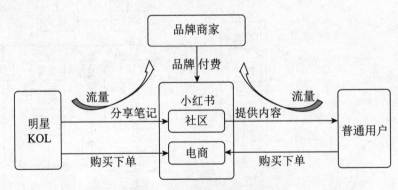

图3-2　小红书闭环商业模式

资料来源：作者根据案例内容自绘。

第一节　创　立

1985年出生的毛文超从小就是"别人家的孩子"，英俊帅气，成绩优秀，毕业于上海交通大学，毕业后进入贝恩咨询，后"跳槽"到贝恩资本，并在贝

---

① UGC：User Generated Content，即用户生产内容。

恩资本的资助下前往美国斯坦福大学就读工商管理硕士（MBA）。在斯坦福大学读书期间，毛文超通过腾讯、金沙江创投等投资的创业项目，认识了著名投资人徐小平、王强及微信支付的张小龙、真格基金总经理等人。这些业界成功人士让毛文超产生了创业的想法，也是这些人为小红书的前几轮融资提供了帮助。

结合自身经历和消费升级的大背景，毛文超认为，中国会有越来越多的人选择更好的生活方式。2013 年，国内电子商务领域淘宝、京东、聚美优品占领市场，跨境电子商务方兴未艾，毛文超看到了机会。

毛文超与相识不久但志趣相投的瞿芳一拍即合，瞿芳辞掉了公务员的工作，开始创业。瞿芳和毛文超有着相似的成长背景：二线城市生长，一线城市上大学，消费能力逐渐提升，但每个节点他们都希望自己的生活过得更好。毛文超和瞿芳理想中的目标用户也是如他们一般年轻、积极、对生活品质要求较高的人群。毛文超说："我最擅长的就是理解这群人，我就是他们中的一员，我们生下来就懂这些人。"在小红书上，很多品牌就是由这样的种子用户传播开的，他们在意自己的生活方式，也愿意"晒单"，这些新奇、宽广的消费理念也慢慢影响着周围的社区。

2013 年 9 月，小红书团队制作了一份 PDF 格式的《小红书出境购物攻略》，提供香港商场最新的折扣信息与购物体验。该文档在不到一个月的时间内被下载了 50 万次。毛文超意识到第一次"试水"已经踩到了"痛点"。

2013 年 12 月，圣诞节前夕主打购物分享平台的小红书上线，用户可以在小红书上发布自己想推荐的内容，即种草笔记。小红书团队在国庆节和圣诞节这两个节点顺利完成了种子用户的积累，这批高质量的种子用户成了后来小红书社群生态的重要贡献者。

小红书上线两个月后还曾收到一份特殊的礼物，一位普通大三学生寄来的当地特产和一张明信片。明信片上面写道："我很感谢小红书，它让我看到了未来生活的可能。"

第二节 流量积累

从一开始，小红书就选择了 UGC 的内容生产模式，打造社区生态，社区不允许使用品牌的官方账号或发布商业帖子。毛文超认为，中国年轻人应该自己去说向往什么样的生活，用人工来解决社区的问题无法承载太多独特的内容。《iPhone5 的购物心得》，这篇火爆的文章引来越来越多的用户在社区分享从日本、韩国购物带来的"战利品"。2014 年春节 7 天假期，小红书在没有花钱做推广的情况下，用户数量增长了 7 倍。

随着小红书用户的不断增长，随之而来的分享海外旅游、当地景色与美食等内容的笔记不断增加。毛文超认为，一个公司能走多远，不是看你做了什么，而是看你不做什么。面对逐渐多样化的社区内容，小红书团队设计了一个类似驾照扣分的系统，如果用户发布的是与吃喝、游玩、购物不相关的内容，这些内容就会被隐藏，发广告则会被删帖并且扣分，分数扣完了就会被禁言。严格的规则执行后，小红书社区并没有因此沉寂，用户反而讨论得更热烈了。

积累了社区用户后，小红书进行了用户流量转化。基于前端发布、评论、点赞的数据分析，小红书于 2014 年 8 月上线了第一款产品——一个希腊品牌的清洗液，受到用户的追捧。2014 年 12 月，小红书推出自营商城模块，早期在自营商城上的商品 95% 会在上架 2 小时内售罄。

自营商城商品的畅销促进了小红书的团队扩张与供应链的搭建。在电商团队的搭建上，小红书倾向于接纳价值观一致的核心成员。之前就职于零售业和化妆品行业，完全没有电商背景的娄伊琳成了小红书电商业务的负责人。6 个月内，小红书团队也从不到 30 人扩张到了 100 人。

2015 年 6 月，小红书团队做了一个"鲜肉送快递"活动。高颜值的外国"鲜肉"迅速引起热议，用户自发传播。同年 9 月，小红书采用了全新标志，打破了维持两年的零广告模式，并加大宣传，推出全年大促"红色星期五"以及明星宣传活动"和小红书的三天三夜"，小红书社区也从刚开始的"高端生活方式为主"下沉切入到"唤醒未来及体验生活"。

2018 年 5 月，小红书用户突破 1 亿人，月活跃用户近 3 000 万人，每日笔记曝光量 14 亿次，电商 SKU 超 15 万。[①]

---

① 陶小开，"用户突破1.5亿，估值超过30亿美金，这7年小红书究竟做了什么？"，艾瑞网，2019年2月1日，http://column.iresearch.cn/b/201902/855577.shtml，2019年10月28日访问。

第三节 社群维护

初期小红书的内容积累主要有两部分：一是从其他平台邀请"达人"撰写笔记，二是一直跟随小红书成长的达人用户所撰写的笔记。新宣传政策下，小红书新注册用户不断增长，如何让"流入"留得住，提升用户的积极性，让小红书生态良性运转呢？

在产品版本的迭代中，小红书不断增加了"@提醒""##话题""关联新浪微博好友"等功能，以刺激用户社交及分享行为。为了鼓励用户分享产品，小红书围绕图片的美化做了许多改进，如增添滤镜、贴纸，提升图像的清晰度等。此外，小红书还设立了等级徽章和会员制度，用户通过完成评论互动、收藏、分享等任务，提升等级，解锁新徽章。

小红书还在穿搭、吃喝等领域设置了分类官方号。这些官方号的粉丝体量大、曝光多，会在个人用户的分享中挑选优质的内容到账号内推广，这种幸运被官方称为"翻牌"，这也是想成为网红的达人们的动力之一。

2018年起，较多的明星开始入驻加盟小红书，明星粉丝流量到来的同时，也让小红书生态更加丰富。用户可以在小红书发现明星不同于聚光灯下的一面。自此，小红书的用户清晰地划分为三层：明星，KOL① 或种草笔记用户，普通用户。小红书的用户以女性为主，用户主要集中在 25 ～ 35 岁，用户地域分布较为均衡（见图 3-3 和表 3-1）。

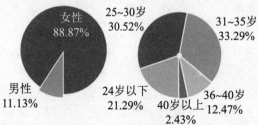

图 3-3　小红书用户画布

资料来源：海通证券研究所。

表 3-1　小红书用户数量前十城市

序号	城市名	用户数占比（%）
1	广州	4.2
2	杭州	3.9
3	上海	3.5
4	北京	2.4
5	南京	2.1
6	重庆	2.0
7	成都	2.0
8	深圳	1.9
9	武汉	1.9
10	西安	1.6

① KOL，即key opinion leader，就是意见领袖，指在某个领域发表观点并且有一定影响力的人。

第四节 盈利探索

2018年5月，小红书进行了第四次融资，公司估值超过30亿美元。同时小红书计划在未来两三年内完成首次公开募股（IPO）。在流量1.0时代，流量就是估值，但是在流量2.0时代，能变现的流量才是投资者所看重的，尽管小红书人气火爆，但自身未能盈利。

将用户流量转化为电商入口，是小红书所做的商业化尝试，但随着商城规模的扩大和第三方电商的引入，供应链短板、电商运营经验缺乏、渠道缺乏等因素导致自营商城在多个环节出现问题。自营商城的火热逐渐消退，平台屡屡被用户投诉假货多、退货慢、售后差。2018年小红书在跨境电商销售中占比7.3%，位列第五位（见图3-4）。

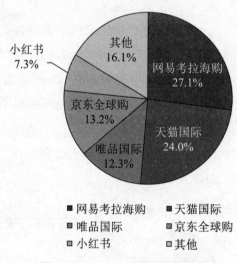

图 3-4 2018年跨境电商份额

资料来源：艾媒咨询。

2018年6月，小红书的一家线下体验店在上海开业，涵盖了家居、美妆等区域，而这次商业化尝试的结果是，小红书总共布局了两家线下店，并于一年半后宣布战略关店。

毛文超和瞿芳在公司内部信中称，2019年是小红书用户增长和商业化的关键年，并宣布新的组织架构升级：一是改变以往纯UGC模式，为品牌商设立官方认证社区，品牌商负责发布内容，并可添加购买链接；二是建立品牌合作人机制，只要用户粉丝数量达到一千人，就可以申请成为品牌合作人。

2019年5月，全球最大的奢侈品牌路易威登在小红书开设官方账号，此后，迪奥、纪梵希、蔻驰等奢侈品牌也陆续在小红书开设官方账号。

对于KOL们来说，创作种草笔记的目的，除了纯粹的"为爱发电"外，现在有了另一种理由——品牌合伙人机制在合规的名义下给KOL们打开了流量变现的大门。得益于变现红利期和较低的品牌合伙人准入门槛，原本兼职的KOL也因此选择全职投入到小红书的账号运营中来。

由于小红书的种草笔记与软文广告难以区别，在小红书上无论是拥有几万名粉丝的达人，还是拥有几百名粉丝的素人都能够参与到推广的利益链条中来，小红书的分享种草属性被越来越多的商家利用。

然而，雪上加霜的是，在工信部发布的"2019年一季度用户个人信息保护检查发现问题的互联网企业名单"中，小红书上榜。

▶ ▶ 第五节　对　峙

分享笔记体量的增长和广告限制的减少，让用户难辨分享笔记的真假，同时内容管理的松弛，也让许多高风险的不良广告出现在小红书上。比如在小红书上以"烟"为关键词，可以搜索到多达9.5万条的内容，其中许多是以"测评""种草"为名义的软文广告。在豆瓣网上查看2019年用户对小红书的评价，可以看到"人人都是白富美，只有我是个穷鬼""一堆广告和三无产品推广""最近几年随着各种明星和网红的入驻，小红书渐渐味道就变了"等类似的评论。

作为一家"用户为本"的内容社区，清洗掉这些内容，对小红书而言是一个必然的选择。2019年5月9日，小红书发布《品牌合作人平台升级说明》，对品牌合作人的粉丝量和月曝光量提出更高的要求，粉丝数量不足五千人、近一个月笔记平均曝光量不足一万的达人将被取消品牌合

扩展阅读3-2

小红书《品牌合作人平台升级说明》

作人的资格，也无法在平台上接广告。而符合标准的品牌合作人也必须与内容合作机构（MCN）实名签约。同时小红书也加大了对 KOL 私下接单的惩罚力度（见表 3-2）。这次整改被行业评价为"小红书血洗 KOL"。

表 3-2　小红书 KOL 违规惩罚规定

违 规 内 容	扣罚积分	惩 罚 措 施	惩罚周期
私下接单，未通过小红书品牌合作人平台	12 分	解约，取消品牌合作人资格；账号无法以任何形式重新成为品牌合作人	1 年
违反国家法律法规，发布违法内容	12 分	解约，取消品牌合作人资格；账号无法以任何形式重新成为品牌合作人	1 年
数据作假作弊	12 分	解约，取消品牌合作人资格；账号无法以任何形式重新成为品牌合作人	1 年
恶意传播平台不实信息，扰乱平台规则，影响平台秩序	6 分	停单，账号全面限流	1 个月
与品牌主合作违约，造成品牌主投诉，经平台核实属实	6 分	停单，账号全面限流	1 个月
除平台订单外，向品牌收取额外费用	6 分	停单，账号全面限流	1 个月
发布违反小红书社区规范内容	2 分	账号按规范处理	—

资料来源：小红书 App。

小红书于 2019 年 7 月 17 日发布的反作弊报告称，平台"平均每天清理刷量笔记 4285 篇，其中除机器刷量外，每天有 920 篇人工刷量笔记被清理"。此番整改后，KOL 被清理掉近三分之二，不免有无辜 KOL 被限制进而控诉不公，幸存下来的 KOL 也坐地起价，产品推广的价格上升了一倍，双轮夹击之下，品牌主苦不堪言。

小红书团队也有自身的烦恼，小红书起家于"种草"，内容过滤机制过严，势必影响其自身内容的根本，导致大批用户日常体验不佳；内容过滤机制宽松，关于品牌合作人的相关规则又起不到足够的保护和震慑作用。此外，小红书已有的两种商业化方向，即广告投放和电商（广告投放是小红书当前的核心收入来源），显然不足以支撑一家平台长期、健康的商业变现。

小红书一直在尝试建立一种让用户、KOL（或明星）、平台共赢的机制。

第六节　调　整

虽然小红书加大了对平台内容的监管措施，但是效果并不理想。2019 年 7 月底，《南方都市报》以《小红书医美乱象调查：借种草卖人胎素等违禁药，推广微整形速成班》为题，曝光了小红书平台上一条围绕微整形项目的黑医美产业链。

2019 年 7 月 30 日，安卓应用商店中小红书 App 下架。2019 年 8 月 2 日，苹果应用商店中小红书 App 下架。

小红书全力进行内容整改。小红书 App 下架期间，微博推出了新社交产品"绿洲"，其内容种草社区的模式有些对标小红书。在淘宝上出现了代下载小红书 App 的服务。小红书的用户活跃度在下架两个月后提升了 2%，其间也实现了单月盈利。

2019 年 10 月 14 日，小红书 App 低调上架。同年 11 月，小红书举办创作者开放日活动，在活动中，小红书强调了创作者的三个关键词：共鸣、利他、生活。小红书宣称，计划在未来一年内让一万名创作者月收入过万。除此以外，小红书还将推出笔记付费推广工具"薯条"，即面向创作者的营销投放工具。

而在商业变现方式上，小红书增加三款平台产品，即品牌合作平台、好物推荐平台、互动直播平台。品牌合作平台是为创作者和品牌方建立直接联系的营销推广投放平台，好物推荐平台是为创作者建立起从内容创作到电商变现分成的平台，互动直播平台是小红书新开启的直播功能平台。

2020 年 1 月 15 日，小红书创作者中心正式上线，KOL 完成认证即可申请品牌合作。新的申请流程支持个人创作者认证，而不再必须签约 MCN 机构。创作者中心可为创作者提供笔记数据分析、账号粉丝画像等功能，帮助创作者创作更优质的内容。当时小红书还计划于 2020 年 3 月成立创作者学院，为创作者提供系统化指导。

第七节　展　望　未　来

小红书带来的这套解决方案，可以用两个关键词来概括：原创和变现。一方面，小红书和其他内容平台一样，通过扶持计划，激励"中腰部"的优质创作者，进而完善升级内容生态；另一方面，小红书加快商业变现，包括内容侧完善营销投放的流程，电商侧打通从发布内容到获得订单的道路等。

但小红书除了需要完善自身内容生态外，还需要重新获取普通用户的信赖和忠诚度。但内容维护与内容乱象是一场拉锯战，小红书能否维持一个持久清新的社区环境，赢回普通用户的信任与支持呢？

创作人计划等方案的实施，让 KOL 看到了平台扶持的曙光，但新的变现机制能否持久有效地维护他们的切身权益，还需要时间的检验。真正能带货的主播都以自己的流量优势倒逼品牌方给出最低的商品价格并签订保价协议，以此来保证自己的竞争优势。而目前小红书并没有依靠平台成长起来的头部 KOL，小红书能否为平台达人争取到价格方面的优势？

尽管小红书实现了阶段性盈利，但也只是单月盈利。2020 年 2 月奢侈品牌古驰入驻小红书，设立官方账号。小红书已有八千个品牌账号，从品牌方获得的广告收入为小红书盈利的支柱，未来小红书的广告业务该怎样取舍、如何布局？小红书有意发展直播业务，但直播平台的赛道上淘宝直播、蘑菇街等竞争对手已小有成就，晚了一步的小红书如何弯道超车？小红书的 IPO 之路受下架影响前景未知，小红书是否进行新一轮融资以缓解资金的压力，而在新一轮融资时小红书的自主经营权利是否会受到限制？

扩展阅读3-3

小红书发展现状

启发思考题

1. 小红书在最初创立之时选择了哪种商业生态模式？这种模式具有怎样的竞争优势？

2. 随着用户流量的积累，小红书创始人毛文超如何经营用户关系，发挥用户价值，探索盈利实现之道？进入 UGC 内容创作赛道后，小红书面临着哪些竞争挑战？

3. 行业乱象发生后，小红书从哪些方面进行了调整？试从创造共享价值的角度分析小红书如何实现可持续发展。

参考文献

[1] 张岩，沈嘉熠.空间·时间与生态——UGC 模式下社交媒体视频生产与传播研究 [J].电影评介，2021（16）：6-10.

[2] 张小强，杜佳汇.产消融合时代视频网站的 UGC 激励机制研究 [J].新闻界，2017（03）：75-82.

[3] Kim J H. Electronic Commerce Sytem and Method Using the Electronic Approval Infromation[J]. US，2007.

[4] Alolayyan M N，Mohammed J，Quoquab F，et al. The Effect of User-gener Ated Content Quality on Brang Engagement：The Mediating Role of Functional and Emotional Values[J]. Journal of Electronic Commerce Research，2020，VOL. 21（1）.

[5] Kim R Y. When Does Online Review Matter To Consumers?The Effect Of Product Quality Information Cues[J]. Electronic Commerce Research，2021，21.1020/c.2021.06.015

[6] 朱杰."网红经济"与"情感劳动"——理解"小红书"的一种视角 [J].文艺理论与批评，2021（01）：77-87.

[7] 朱影影.小红书跨境电商平台闭环经营的成功经验与启示 [J].对外经贸实务，2018（08）：93-96.

[8] Turnbull S. Grounding Economics in Commercial Reality：A Cash-Flow Paradigm[J]. Ssrn Electronic Journal，2006.

[9] 俞湘华.在线视频平台与短视频平台的比较研究——基于技术环境、用户发展与商业变现分析 [J].传媒，2021（06）：61-63+65.

[10] 倪琳，黄熠."全景连接"：我国短视频平台的商业模式解析[J].新闻爱好者，2021（09）：54-56.

第四章

共建价值平台：腾讯星贝云链的颠覆式创新

　　2018年2月3日，上海浦东新区的天空，时而多云，时而阳光直射。一场区块链产业的年度盛典"中国区块链风云榜盛典"正在这里进行，这场盛典吸引了全国超过400名区块链从业者。腾讯区块链业务负责人蔡弋戈也出席了这场盛宴，此时的他正在台上发表《区块链改造供应链金融》的主题演讲，向大家介绍着腾讯的"星贝云链"——一个以腾讯区块链技术为底层打造的供应链金融服务平台。会场内的气氛被蔡弋戈的演讲调动起来，掌声不断地响起（见图4-1）。

图4-1　"中国区块链风云榜盛典"会场

　　资料来源：闫茹霞，"2017—2018中国区块链风云榜年度盛典今日盛大开幕"，金色财经，2018年2月3日，https://www.jinse.com/blockchain/145056.html，2022年1月22日访问。

可是，在这之前的一年时间里，腾讯区块链业务却承受着内外双重压力，一边是阿里、百度等强敌纷纷传出情景应用区块链技术的新闻，另一边是腾讯内部关于区块链技术究竟落地何种业务的不确定问题。2017年12月20日，腾讯与星贝云链、华夏银行携手，将区块链技术成功应用于供应链金融领域，交出了自己的答卷（见图4-2）。

图4-2　星贝云链、腾讯、华夏银行战略合作发布会

资料来源：陈仪衡，"星贝云链携手腾讯、华夏银行竞入供应链金融"，深圳晚报，2017年12月21日 http://app.myzaker.com/news/article.php?pk=5a3b79ba1bc8e0b47f0002cd，2022年1月22日访问。

腾讯为什么最终选择将区块链技术优先应用于供应链金融领域？腾讯的区块链技术又是如何结合供应链金融技术的？"星贝云链"的平台模式会创造怎样的价值？未来腾讯将如何进一步拓展区块链技术的应用领域？这一连串的问题，吸引着业界同人的注意。

第一节　区块链技术背景

（一）全球区块链兴起

区块链技术诞生于"中本聪（Satoshi Nakamoto）魔咒"[①]。2008年11月，中本聪发表了论文《比特币：点对点的电子现金系统》，提出要打破传

---

① 中本聪，日裔美国人，是比特币协议及其相关软件Bitcoin-Qt的创造者。"中本聪魔咒"，指中本聪在其制作的比特币世界的第一个区块留下的一句话。

统支付的信用原理，并基于密码学原理创建了一套不需要第三方中介参与、双方达成一致便能够直接进行支付的新型电子现金系统。2009年1月3日，他制作了比特币世界的第一个区块，并留下了当天《泰晤士报》的头版文章标题："2009年1月3日，财长处于第二轮银行紧急救助的悬崖边缘。"（The Times 03/Jan/2009 Chancellor on brink of second bailout for banks）这句话像魔咒一样，正式开启了区块链时代。

在这之后的十年内，区块链技术逐渐成熟并迅速扩大影响范围。从区块链1.0版本，发展到区块链2.0，甚至3.0版本。区块链技术的画像也开始渐渐清晰起来——区块链是一种以密码学方式保证数据不可篡改、不可伪造的分布式账本，其中的数据将以区块（block）形式存储，并按时间线性顺序相连，具有去中心化、开放性、不可篡改和加密安全的特征，其目的是解决信任问题，降低信任成本。

扩展阅读4-1

区块链技术的特征

自2012年以来，区块链技术具备的创新性特征使得它渐渐被更多的国家和地区关注、认知和接受。2013年，德国正式承认比特币；2015年，纳斯达克通过自身的区块链平台完成交易；2016年，我国工信部发布《中国区块链技术和应用发展白皮书》，首次提出我国的区块链标准化路线图。至2016年，全球区块链企业数量以超过65.2%的复合增长率快速增长。[1]

（二）国内区块链布局

面对全球区块链技术高速发展的趋势，国内各行各业也加大了对区块链技术的关注，一大批优秀的企业投身到这场新兴的革命浪潮中来，这些企业纷纷开展区块链实验、研发区块链应用。截至2016年，我国新增区块链企业数量超过美国，占全球新增企业数的28%[2]，其中便可见到中国互联网"三巨

---

① 雷盈金融科技，"区块链简史：1976—2017"，搜狐科技，2017年9月12日，https://www.sohu.com/a/191478072_785858，2022年01月22日访问。
② 乌镇智库，《2017中国区块链产业发展白皮书》，2017年4月28日，http://sike.news.cn/hot/pdf/12.pdf，2022年01月22日访问。

头"百度集团、阿里集团、腾讯集团（简称"BAT"）的身影。

2015年底，腾讯成立区块链研发团队，制定了自主研发区块链底层技术的路线；2016年5月，腾讯加入金融区块链合作联盟（深圳）；2017年4月，腾讯发布《区块链方案白皮书》以及可信区块链项目；2017年5月，腾讯区块链技术第一次内部落地于"微黄金"，运用区块链技术进行数字资产的并行记账；2017年8月，腾讯公布了自己的区块链平台——腾讯区块链（TurstSQL）；2017年11月，腾讯正式发布区块链金融级解决方案（Blockchain as a Service，BaaS）。2017年末，腾讯虽然完成了底层区块链技术的完整积累，但尚未真正外部落地于应用场景。

然而，阿里集团早在2016年7月便在支付宝爱心捐赠平台上线区块链公益筹款项目"听障儿童重获新声"，实现了区块链技术应用于公益场景。随后阿里集团又尝试落地了医联体和商品追溯两个应用场景。同时，百度集团也加紧了对区块链技术的应用。2017年5月，百度集团与佰仟租赁、华能信托等合作方联合发行了国内首单区块链技术支持的ABS项目，发行规模达4.24亿元。同年9月，百度集团发行国内首单基于区块链技术的交易所ABS项目"百度—长安新生—天风2017年第一期资产支持专项计划"。

扩展阅读 4-2

BAT区块链发展时间轴

面对阿里和百度纷纷尝试区块链场景应用的压力，蔡弋戈接受《商业与生活》采访时表示："腾讯不会空谈区块链，而是会圈定一些区块链最有价值最值得突破的场景，做深做透。"①

第二节　画一个圈：供应链金融

"供应链金融"便是腾讯优先圈定的最有价值、最值得突破的场景。

供应链金融的产生，是为了解决供应链资金缺口问题。在一般供应链运

---

① 朱晓培，"腾讯不空谈区块链：要在有影响力的场景做出标杆来"，商业与生活，2018年4月13日，https://baijiahao.baidu.com/s? id=1597626146194068340&wfr=spider&for=pc，2022年1月22日访问。

营中，原材料的采购、加工、销售均会涉及各环节企业的资金支出和收入，由于支出和收入的发生存在时间差，供应链便形成了资金缺口。供应链金融主要是银行依赖"核心企业"的信用，向整个供应链提供融资的金融解决方案。核心企业一般都是较大型的企业，其上下游企业大部分是中小企业。由于核心企业的"担保"在一定程度上降低了金融机构贷款给中小企业的风险，中小企业得以顺利融资。中小企业往往是核心企业的上下游合作伙伴，中小企业的顺利融资加速了产业链资金的流动，助推了核心企业的业务发展。

然而，在供应链金融实施过程中，仍面临一定的瓶颈。正如蔡弋戈在旧金山的全球区块链大会上所说："在目前的供应链金融体系中有这样的现象或者说是问题，由于资金会集中优先服务于一级供应商，因此二级供应商和三级及多级供应商难以筹集资金。此外，存在信息的不对称，会导致核心企业与供应商之间的交易信任度较低。"[1]

扩展阅读4-3

供应链金融发展瓶颈

与此同时，区块链技术本身具备的防止篡改、可追溯以及去中心或多中心的特征，恰巧可以在供应链金融领域表现出很好的应用前景——区块链解决的是信任问题，而供应链金融最大的问题就是信任。比如，区块链技术具有不可篡改、不可抵赖的特性，这可以保证资金流向可溯源、信息公开透明、信息多方共享，消除了很多传统供应链金融由于信息不对称而导致的不可控的问题。区块链技术的底层"去中心化"技术互信机制，可以连通核心企业、多级供应商、保理公司、银行等相关机构，记录真实的交易数据和信息，建立供应链金融中的信任机制，使得所有机构处于平等的地位，解决了数据难获得、企业信用难评价等问题。

扩展阅读4-4

用区块链技术解决供应链金融瓶颈的措施

虽然供应链金融是区块链技术在实体经济中最好的场景之一，腾讯也将区块链应用场景明确为供应链金融，但是在这个场景里，只有区块链技术是完全不够的。除了区块链技术这一核心

---

① 孙宏超，"腾讯蔡弋戈：2018年腾讯区块链将重点布局供应链金融"，百度新闻，2018年4月13日，https://baijiahao.baidu.com/s？id=1597600862584115259&wfr=spider&for=pc，2022年1月22日访问。

之外，腾讯还需要与供应链金融平台中的各方合作，提供一个完整的解决方案，以能够让平台上的每一方都被满足。

▶ ▶ 第三节　强强合作：腾讯、有贝和华夏

广东有贝实业有限公司与华夏银行股份有限公司是腾讯集结的重要合作伙伴，三方利用各自的资源为区块链—供应链金融平台提供技术端、资产端和财富端的支持。此次合作，可以称为强强合作。

（一）供应链服务方——广东有贝

广东有贝在我国大健康产业发展了将近十年。大健康产业包括医疗、医药、保健用品、健康管理、健康咨询等与人类健康紧密相关的生产和服务领域，被称为继信息技术水平的提高产业之后的全球"财富第五波"。随着我国人口老年龄化的加速，以及人们收入水平的提高和购买力的增强，加之政策和投资持续加码等因素的影响，国内大健康产业具有巨大的成长空间。广东有贝自 2008 年成立起，便开始依托母公司益邦控股，专注于大健康产业的精益供应链服务，其业务涵盖了精益供应链运营，供应链管理咨询，物流科技与装备，供应链综合金融，大健康产业地产等多方面。多年的大健康产业精益供应链服务经验，使得广东有贝拥有独具特色的产业数据沉淀、高效的外部数据共享及丰富的产业资源、交易场景数据积累。

腾讯之所以选择广东有贝作为重要的合作伙伴，一方面是因为广东有贝所从事的大健康产业具有广阔的发展前景，另一方面是由于广东有贝积累了有关精益供应链服务的经验和有大健康产业的数据资源。广东有贝则表示，腾讯区块链技术的支持，将加速有贝在供应链金融领域的发展，希望这次合作能够打造一种领先的供应链金融平台模式，形成大健康产业供应链有机协同生态圈。

（二）资金流动性提供者——华夏银行

腾讯的区块链技术与广州有贝的供应链管理经验联合后，腾讯便具备了重构供应链金融信用、保障供应链金融交易真实性的基础，但尚缺少资金流动性的支持。腾讯接触了一些银行，但银行方多提出排他性的要求，即不允许星贝云链平台以后再加入第二家银行，这样就使星贝云链失去了一个平台的作用，因此这些银行难以与腾讯达成合作。

华夏银行一直致力于促进中小企业的发展，以"中小企业金融服务商"为战略定位，在多年的经营中坚持与小企业同舟共济、共同成长，已经积累了大量的中小微企业客户信息数据。不过，由于近年来的经济增速下滑、大众理财观念的增强、互联网金融的快速发展，华夏银行面临着转型发展的巨大压力。虽然区块链技术可以帮助华夏银行解决追溯困难等问题，但困于不懂如何搭建区块链金融资产交易平台，也没有足够的技术人员来部署配置，华夏银行一直在寻求合作发展的契机。

在华夏银行看来，一方面，广州有贝在大健康产业供应链管理上有着丰富的经验，另一方面，腾讯可靠的区块链技术重构了供应链金融的信用基础，让供应链金融交易的真实性得到保障。这可能将帮助华夏银行依托产业链，开创积极稳妥的供应链金融服务模式，将金融资源更好地配置于有前景的产业，实现弯道超车。

最终，华夏银行承诺为腾讯的区块链—供应链金融平台提供百亿级别的授信额度，腾讯也将继续吸纳其他商业银行的加入。

▶ ▶ 第四节 星贝云链：区块链落地之果

2017 年 12 月 19 日，腾讯推出了以腾讯区块链技术为底层打造的供应链金融服务平台——"星贝云链"。在发布会上，星贝云链初次亮相便与多个核心企业达成合作意向，包括益邦控股集团有限公司、无限极（中国）有限公司、天士力医药营销集团股份有限公司、少海汇企业管理咨询有限公司等。

星贝云链是国内首家与银行战略合作共建的基于区块链技术的供应链

金融平台，是一个依托腾讯区块链技术，围绕大健康行业的核心企业及其各级上下游企业的采购、物流、销售、资金流等数据，运用供应链上的整体信用，以降低风险、成本，提高效率的全新供应链金融服务平台模式（见图4-3）。

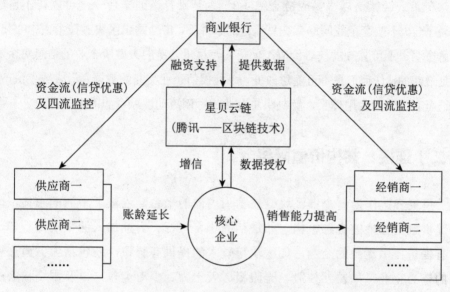

图4-3 星贝云链模式图

资料来源：根据广东有贝投资有限公司内部资料整理。

（一）基础：供应链金融4.0

星贝云链的独特之处在于，其基于内嵌于平台的区块链技术发展出来的"供应链金融4.0"模式。

供应链1.0时代是传统的中心化模式，银行以核心企业的信用为支持，为核心企业的上下游企业提供融资服务，在技术层面以不动产抵押、信用评级为基础。伴随着信息化技术的突飞猛进，供应链金融逐步迈入2.0线上化时代。通过电子化等技术手段，对接供应链的上下游及各参与者的ERP[①]端口，银行与供应链参与者共同合作，提供融资服务，主要的技术突破在于互联网以及动产质押。供应链金融3.0时代，则以平台化为显著特征，银行、供应链参与

---

① ERP，企业资源计划系统，强调对企业的内部甚至外部的资源进行优化，提高利用效率。

者以及平台的构建者以互联网技术深度接入平台比如打造云平台，通过资金流、信息流、物流三维数据风控建模来构建综合化的大服务平台。而 4.0 阶段的供应链金融，是在 3.0 线上化、社会化协同的基础上，发展出内嵌于平台的区块链技术，即数字化、智能化的供应链金融。

星贝云链就是以"供应链金融 4.0"为基础打造的平台——可以在不自建交易平台、不改变企业间原有交易流程的条件下，借助腾讯区块链技术去中心化、信息透明、不可篡改的核心价值，使得连接星贝云链的大健康企业的信息对全网都是透明的，任何信息不可随意改变，以此授信企业交易的数据，形成数字资产，打造全新的商业信用体系，解决中小企业的短期流动性融资的需求问题。

（二）连接：共构价值网络

星贝云链作为一个以区块链技术为内嵌的平台，连接了不同的主体，既有提供融资支持的金融机构，如最初的华夏银行、后期加入的平安银行等，也有提供技术支持的企业，如区块链技术的提供者腾讯，还包括大健康产业内的核心企业，如益邦控股、无限极、天士力、少海汇等，以及围绕核心企业开展业务的中小微企业。

对于有标准化企业信息管理系统（ERP 系统）的核心企业或金融机构，星贝云链可实现与其业务系统的对接，获得相关授权，提取企业数据。对于没有标准化 ERP 系统的上下游中小微企业，星贝云链可在获取企业授权的前提下，从核心企业、物流企业或其他第三方信息服务平台抓取数据。当上下游多级企业与核心企业发生采购、物流、销售等交易，需要资金流时，上游供应商或者下游经销商要先向星贝云链发起融资需求。然后，星贝云链结合区块链去中心化、时间戳和不可篡改的特性，快速从核心企业 ERP 系统、物流企业仓储系统或其他第三方信息服务平台上抓取数据，快速追溯、核验供应链上的相关资料、数据，审批融资款项——腾讯区块链技术在这里真正做到了把银行对于核心企业资产的授信，通过区块链技术一层一层地往上去传导，传导给核心企业的一级供应商，然后一级供应商再传导给上级供应商，甚至多级供应商，这个供应链的链条越长，传导产生的价值就越大。最后，通过审核的融资需求以及可信数据将被传递给商业银行，商业银行通过星贝云链提供的数据和核心企业增信，不仅为上下游中小微企业提供资金流，而且能对商流、信息流、物流、资金流进行监控，实现四流信息真实有效，操作模式闭环。

星贝云链不仅可以将不同的主体连接在一起，还可以形成网络效应。腾讯的区块链技术，华夏银行的百亿级授信额度，以及广东有贝丰富的供应链管理经验和行业数据积累，可以吸引也将继续吸引更多的企业、商业银行以及技术提供商进驻平台。此外，天士力、无限极等大型核心企业进驻平台后，将吸引供应链上下游中小企业的参与，同时也将吸引更多以核心企业为主导的供应链上下游企业进驻平台。此时，大量大健康产业企业的进驻将带来更多的资金以及技术需求，于是，更多的商业银行以及技术提供商将被吸引入驻星贝云链。

（三）产品：信息中介平台

星贝云链能提供的融资模式多样，既有基于供应链"物"的流动性形成的仓单质押融资模式，也有基于供应链信用势能和稳定性形成的订单质押、保兑仓等多种信用授权融资模式，还有预付款融资模式和应收账款融资模式。

扩展阅读 4-5

星贝云链的四种融资模式

对于星贝云链的四种模式，星贝云链总经理刘黄锋表示，星贝云链目前做的是信息中介平台，而不是信用中介平台，信用中介平台放贷给企业的利息会高于银行放贷给平台的信息，从而挣取利息差，而星贝云链不加息，银行通过星贝云链提供的数据顺利做成一笔贷款交易，会返还星贝云链服务费。

▶ ▶ 第五节 尾 声

如今，2018 年初的"中国区块链风云榜盛典"已经圆满落幕，"星贝云链"也已实现顺利运行，而腾讯一直探索区块链技术场景应用的脚步并未停止，其不仅将"区块链＋供应链金融"作为2018年腾讯区块链发力的重点，而且尝试了在医疗、游戏、税务等场景应用区块链技术。

虽然腾讯在技术落地的过程中遇到了很多困难，比如区块链应用到实际场景中的技术难题、区块链技术的合法性、区块链技术的人才不足等问题，但是，在谈及腾讯区块链的未来发展时，蔡弋戈坦言："我们看到有很多外部的声音谈到区块链就会提出一些很厉害和'高大上'的技术概念，但是场景在哪里？运用场景来验证区块链技术，反过来推动区块链技术的提升，这是更自然的行为。我们坚持的路线应该是由场景来推动技术发展。"①

在腾讯看来，作为中国最早布局区块链的传统互联网巨头，腾讯肩负着加紧技术落地，让区块链技术的价值体现在方方面面的责任和使命。腾讯希望以自主可控的区块链基础设施，基于场景，构建安全、高效的解决方案，推动区块链技术价值的实现。

▶ ▶ 启发思考题

1. 腾讯为什么会选择将区块链技术首先应用于供应链金融领域？

2. 基于区块链技术的星贝云链供应链金融服务平台形成了怎样的价值网络？这种价值网络共有哪几种连接属性？

3. 未来腾讯在发展区块链技术的过程中应注意哪些问题？

▶ ▶ 参考文献

[1] Sultanum B. Discussion of "Currency Stability Using Blockchain Technology" [J]. Journal of Economic Dynamics and Control，2021：104-156.

[2] Alsaqa Z H，Hussein A I，Mahmood S M. The Impact of Blockchain on Accounting Information Systems[J]. Information Technology and Management，2020，11（3）：62-80.

---

① 孙宏超，"腾讯蔡弋戈：2018年腾讯区块链将重点布局供应链金融"，百度新闻，2018年4月13日，https://baijiahao.baidu.com/s？id=1597600862584115259&wfr=spider&for=pc，2022年1月22日访问。

[3] Pagnotta E S. Decentralizing Money：Bitcoin Prices and Blockchain Security[J]. The Review of Financial Studies，2022，35（2）：866-907.

[4] Malhotra A，O'Neill H，Stowell P. Thinking Strategically about Blockchain Adoption Risk and Risk Mitigation[J]. Business Horizons，2022，65（2）：159-171.

[5] 徐荣贞，王森，何婷婷 . 绿色供应链金融视角下中小企业可持续发展的动力机制研究 [J]. 金融理论与实践，2022（01）：76-86.

[6] 杨红雄，陈俊树 . 区块链技术、网络嵌入性与供应链金融绩效——模糊集定性比较分析 [J]. 大连理工大学学报：社会科学版，2022，43（02）：13-23.

[7] 张黎娜，苏雪莎，袁磊 . 供应链金融与企业数字化转型——异质性特征、渠道机制与非信任环境下的效应差异 [J]. 金融经济学研究，2021，36（06）：51-67.

[8] 高波 . 供应链金融创新发展探索 [J]. 中国金融，2021（24）：40-42.

[9] Hofmann E. Supply Chain Finance：Some Conceptual Insights[J]. Beiträge Zu Beschaffung Und Logistik，2005（16）：203-214.

[10] Kadapakkam P R，Oliveira M. Binding Ties in the Supply Chain and Supplier Capital Structure[J]. Journal of Banking & Finance，2021（130）：106-183.

第二部分

运作优化

第五章

触底后的反思：QCM 公司信息流优化的困惑

▶ 第一节 摸索中寻找裂缝

近年来，国内农机行业处于下行周期，设备需求减少，农机制造企业奥斯克奇（青岛）农机制造有限公司（简称 QCM 公司）的销售压力倍增，特别是配件业务，长期面临"高库存，低满足"的窘境。同时，该企业的仓库存货储备结构存在明显的缺陷，在仓储面积不断扩大、库存成本不断增加的情况下，仍然有大量产品积压，但是面对销售部的紧急订单又经常无法做到及时供应，"失售"和客户抱怨的情况有增无减。集团总部数据显示：2017 年底，QCM 公司的配件满足率低至 85.4%，库存周转率低至 0.69，呆滞件占比 18.8%，平均订单处理周期为 8~9 天。在集团的 17 个分公司中，QCM 公司的每项指标都处于垫底的状态，这让奥斯克奇亚太区总裁阿莱西奥异常焦虑。

根据 QCM 公司的财报，2015 年其销售额为 340 069 美元，2016 年其销售额下滑为 314 875 美元，2017 年其销售额下降到 251 124 美元（见图 5-1）。

扩展阅读 5-1

QCM公司近年财务数据

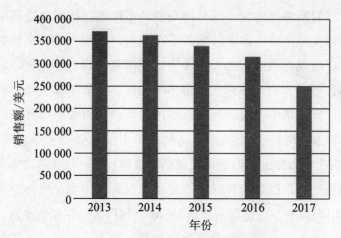

图 5-1 QCM 公司年销售额变化图

资料来源：作者根据 QCM 公司内部信息整理。

日趋残酷的竞争，难堪的指标数据，总部的不断施压，QCM 公司上下笼罩着一种极其紧张的氛围，调整内外部机制、解决销量问题，成为 QCM 公司的当务之急。2018 年 1 月，面对总部制定的 35 万欧元的年度销售目标，QCM 公司的销售部决定转变营销方式，由订单的"被动接收者"转变为"主动获取者"，深入市场一线。在市场走访过程中，经销商们纷纷诉苦抱怨："厂家产品机型变化和升级太快，我们之前储备的配件很多都成了呆滞件，就等着当作废铁卖了。"

"一些常用的易损件，你们厂家那边也没有足够的储备，去年 9 月份我们订购的三种配件，要从意大利进口，眼见要春耕作业了，可现在还没到！用户天天打电话催，如果再错过这个作业季，用户设备因为缺件不能工作，那麻烦可就大了，以后也没人敢买设备了！"

"咱们正品配件的价格太高了，市场上仿制配件的价格普遍在我们售价的五分之一左右，有的甚至只有十分之一，这两年前来询价的用户也越来越少了。"

"我们去年才成为奥斯克奇的代理商，对产品不熟悉，也不知道该储备哪些配件。"

"前段时间，我们去现场服务，用户反馈购买的仿制件的质量比我们原厂配件的质量还好，价格还便宜得多！"

经销商们的抱怨让销售部成员的心情非常沉重。根据市场调研和经销商的反馈，他们发现，由于各个区域的工况和用户使用习惯存在较大的差异，产品和零部件出现的故障问题参差不齐，使用寿命也各不相同。例如，旋耕机的易损部件——刀片，在东北、山东等地区，一般情况下作业约 100 公顷后需要更换。但走访中发现，西北部地区如新疆一带的土壤普遍沙化，质地偏粗，以砂壤土、砂土、砂质土为主，因此平均作业 60 公顷就需要更换刀片。而 QCM 公司在对新疆区域的经销商提供储备建议时，往往参照东北、山东等地的过往销售数据，因此刀片储备不足的情况频繁出现，库存根本无法满足接踵而至的用户需求，经销商需要向 QCM 公司确认库存和价格后，再将信息传递给用户，才确定是否下单及下单的数量。再者，农机设备的作业季节性极强，配件不能及时供应的话，往往就会错过一个作业季节。此外，之前奥斯克奇 MT 型气吸式精密播种机凭借出众的性能，成为 QCM 公司在 2007—2015 年中国市场的主销产品。后来由于市场需求的变化和技术升级，自 2015 年起，MT 机型设备停止生产，产品升级为 MTR 机型，虽然二者有 60% 左右的零部件可通用，但是仍有不少经销商储备着大量的非通用配件，由此造成库存积压，既占用了仓库空间，也增加了经销商运营资金的周转难度。而其他产品的试销、升级和停产也常常会带来这样的问题。

大量之前被忽视的问题走进 QCM 公司销售部的视线，这一系列问题的根源出在哪里呢？销售部调查小组成员百思不得其解，只能将收集到的信息做整理后带回公司，以期在集体会议中同各部门一同进行讨论。

▶ ▶ 第二节 跨国企业驻青岛

意大利奥斯克奇帕斯盖迪工业集团（简称"奥斯克奇集团"）始建于 1964 年，作为全球领先的农业机械专业化生产公司，在全球范围内建有 17 个工厂。奥斯克奇（青岛）农机制造有限公司（简称 QCM 公司）位于青岛经济技术开发区富源工业园，于 2011 年 11 月 24 日在青岛市保税区工商行政管理局登记成立，其前身是奥斯克奇（青岛）农业机械有限公司，是奥斯克奇集团于 2005 年 7 月在青岛成立的全资子公司。目前该公司主要从事旋耕机、动力驱动耙、草地修剪机、灭茬机、秸秆粉碎机、秸秆还田机、气吸式精量播种机、割草机等产品的生产和销售，出口销售额占其总销售额的 70%。

QCM 公司的原则是"竭诚服务，客户至上"。为贴近市场，实时了解第一手的市场信息，公司派专员与客户实时交流接洽，了解客户的需求，为其提供适用的农机信息及相关配套服务。此外，借助公司先进的信息管理系统，QCM 公司可以根据市场行情指导生产，调节生产线，真正做到用产品迎合需求，以创新拉动需求。产品从用户的需求出发，采用直观及人性化的设计，通过各种配套解决方案，简化产品的操作难度并做好维护工作。

QCM 公司主要负责旋耕机、气吸式精量播种机、草地修剪机等农机产品的设计生产制造，其拥有行业领先的焊接机器人、激光切割设备和喷漆作业线等，结合几十年的技术优势和管理能力，QCM 公司稳居全球农机具行业的第一梯队。以旋耕机为例，该产品主要由 QCM 公司技术部负责需求调研、设计开发，意大利总部提供部分技术支持，产品设计完成后投入生产，由采购部向意大利总部和其他供应商提交原材料订单，生产部负责对原材料进行加工生产，生产出的产品运往仓库，由仓储部统一管理，销售部负责将产品面向全球市场推广、销售。

QCM 公司的配件来源有三个渠道：进口、属地采购和属地生产（组装），三者分别约占来源比重的 50%、30% 和 20%。进口配件从意大利总部或集团其他国家的工厂采购，运输交付周期长，空运至少需要 10 个工作日，海运少则 2 个月，长则 4~5 个月。属地采购的话，采购提前期也不尽相同。属地生产则要根据生产计划安排生产，在生产旺季时，常常会出现配件生产周期过长的问题。

QCM 公司与其供应链下游的经销商，在整机销售方面存在两种合作方式：一种是经销商向奥斯克奇申请代理授权，签订订单合同，由经销商依据自身对市场的判断，选择所需储备的农机产品的种类和数量，进行终端销售及配件销售的供应。另一种是面向合作社和大农场的招标，此类经销商只需要负责订单的获取，不负责配件的销售与供应。QCM 公司的产品通过两类经销商进入终端用户的手中。同时，由于部分产品的销售情况存在较大的季节性差异，如播种机的销售旺季大约在每年的 3 月份，因此经销商要根据各类产品往年同期的销量，参考用户反馈的信息，对其市场的需求作出进一步的预测，并向 QCM 公司预先提交新的订单（见图 5-2）。

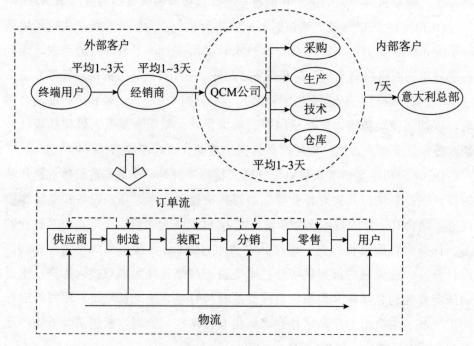

图 5-2　QCM 公司前期供应链介绍

资料来源：作者根据 QCM 公司内部信息整理。

第三节　供应链问题现端倪

2018 年，奥斯克奇在中国落户已经进入第 13 个年头，QCM 公司生产的中小型旋耕机、秸秆还田机、割草机等产品出口到欧美和东南亚等国家和地区，在生产销售方面逐步形成了完整的供应链体系。但是，在年初走访经销商的过程中，供应链各环节存在的大量漏洞暴露无遗：经销商对市场的需求预测大多基于经验或感觉，缺少实际数据的支撑，导致经销商自身的库存储备不合理，无法很好地响应市场需求的变化，同时市场的信息无法及时向 QCM 公司反馈，用户和 QCM 公司的信息传递滞后且受阻；QCM 公司应对临时订单的能力较薄弱，产品的生产结构无法满足市场需求的变化，订单频繁的变动加大了采购难度。这一系列的问题最终导致 QCM 公司的销量逐年下滑。

　　刚走进办公室，打开电脑，销售经理米奇还没从大清早的堵车中缓过神来。查看工作邮箱，收到公司组织召开中层会议的通知，销售经理米奇的神经突然紧绷。会议的内容大致可以猜到，上周销售部带回走访经销商反馈的信息，反馈的各项问题直指各部门的痛处。面对配件销售额的连年下滑，公司总部十分重视。过去三年 QCM 公司的配件满足率和库存周转率指标在集团内部排名倒数，总部多次在会议中表达了对中国市场的不满，解决销量问题成为公司的头等大事，各部门都必须严肃面对。

　　会议开始前，总裁助理将近三年的指标额数据传给了各参会者——仓储部经理威廉、采购部经理弗兰克、生产部经理克劳迪奥、销售部经理米奇和财务部经理艾伯特。大家拿到文件之后，纷纷小声讨论。

　　奥斯克奇亚太区总裁阿莱西奥端着一杯咖啡，大步走进了会议室，落座后，目光扫过在座的每一位："各位，从 2015 年开始，我们公司的销售额持续下降，总部对我们的业绩已经非常不满。2018 年集团给 QCM 公司制定的销售目标为 35 万欧元，就我们现在的销售状况来看，完成目标的希望渺茫。另外，总部要求我们将库存缩减 30%，同时还要提升满足率。上周，销售部进行了市场调研，从反馈信息来看，我们目前的状况是总部不满意，客户也不满意！今天大家一起讨论如何解决现有问题。米奇你先说。"

　　销售部经理米奇说道："我认为配件销量下滑的原因主要有这么几点：外部因素考虑，从 2015 年开始，中国农机市场在经过了'黄金十年'的高速增长后开始整体大幅下滑，整机业务逐年下滑必然带动配件需求的下滑。一个非常重要的原因是，我们主销的播种机、旋耕机等产品进入市场的时间已经超过 10 年，市场上早已涌现出大量的仿制件，其价格比我们的价格低很多。而且仿制件不只价格便宜，由于成本低，小规模的配件商店也会做一些库存储备，相比之下，他们更接近农场，因此用户能更方便地买到配件。而我们只依靠经销商渠道销售，大部分经销商的网络布局不强，很难延伸到作业一线。原厂配件价格高，经销商也不愿意投入太多的资金储备配件。"米奇接着说，"内部因素就是我们自身提供配件和服务的能力较弱，集团的几个主要指标数据也说明了这一点。比如，库存储备不全，订单处理速度慢，生产、采购周期长，等等，这些都影响了配件的及时供应，导致客户抱怨甚至产品的'失售'。"

仓储部经理威廉接话："是的，现在我们的呆滞件比例很高，库存成本不断增加，周转率不断降低，但这都是有原因的。每次新产品试销、推广到市场，服务部和技术部就做预测并要求我们进行储备，以满足停机维修。但从以往的经验来看，订购量往往远超实际的需求量，而且新产品配件的预测准确率特别低，很多损坏的配件都不在预测的范围内，这些都拉低了配件的满足率。另外，我们产品的作业季节性很强，配件需求也会集中爆发，生产和采购环节一旦交付不及时，就会出现断货问题。销售部和经销商频繁地向我们查询配件的库存，确认图号、状态，临时调整发货和供货周期等。我们也理解客户的这些需求，但是这给我们带来很大的工作量，因为我们不只要查库存，还要计算、考虑是否会影响生产或其他配件订单。"威廉看了眼生产部经理克劳迪奥，接着说："对于库存不足的配件，我们还需要跟采购部和生产部的同事确认供应周期，这些流程都是需要时间的，但销售部经常认为是我们不及时进行处理。另外，销售部动不动就要增加临时或紧急订单，这样不但打乱了我们的工作计划，而且很容易忙中出错，完不成的工作都需要加班完成。"

"去年下半年，7—11 月份，也就是秋收季节前后，仓储部员工的加班费用总和已经超过了固定工资总和的 30%，物流费用达到了上半年 2—6 月份物流费用的 2 倍之多。"财务部经理艾伯特调整了一下坐姿，补充道。

阿莱西奥将目光转向克劳迪奥，克劳迪奥喝了口水，说道："确实，目前的整机生产都是根据生产计划安排的，如果临时调整生产急需的零部件，会打乱工厂生产的正常节奏，严重影响效率。想要优化仓库产品储备的结构，依我看，只能在制订生产计划时，直接将相关因素都考虑进去。现在的问题是，我们制订生产计划时可提供参考的依据很少，仅根据采购部给出的原材料，预计供应时间，安排生产进度，订单的交货时间和紧急程度等问题都没有纳入考虑的范围，结果快到交货日期了，销售部同事就不停打电话，拼命催我们，我们再着急也没用啊！"

采购部经理弗兰克终于发言："一般情况下，制订采购计划的时间会早于销售部发送给我们订单的时间，因此我们只能对产品的季度销量进行粗略的预估，然后根据预估来确定生产数量。我们的预测难度大，错误率高且误差大，我承认这也是造成销售部紧急订单量增加的主要原因之一。但销售部的紧急订单，我们实在难以应付，这不像买东西那么简单。这几年，产品种类不断增加，采购的难度指数不断增长，光靠我们一个部门去协调是远远不够的！"

"如果配件满足率长期处于下游水平，必将造成经销商和客户的流失，这个后果谁来负责？"销售部经理米奇激动地说。

在长达两个小时的讨论中，几位部门经理纷纷发表意见，发言声此起彼伏，但是，由于各位经理的立场不同，看待问题的视角与出发点不同，对于问题的看法也大相径庭。阿莱西奥一边听着在座各位的意见，一边思考，觉得问题远没有看到的这么简单。经销商配件订单的处理流程复杂，其间信息反复沟通确认，导致信息处理时间过长且极易出错和"失真"。虽然各部门间的信息可通过 SAP 系统、邮件和面对面沟通等方式传递，保证了处理问题的效率和准确性，但是信息源的信息不准确同样会带来很多问题。只考虑在某个部门或者某一环节上做出改进已经没有实际意义。就目前公司的供应链来看，各环节之间过于独立，各部门之间缺乏有效的沟通，特别是从用户至经销商再到 QCM 公司的环节，处于"信息孤岛"的状态，缺少长期有效的信息交互与共享，要想提高整体的效率，必须从供应链入手进行整合。当前公司内外矛盾中最为突出的，是公司与经销商的配合问题。面对各大经销商的连连抱怨，阿莱西奥决定以此为切入点，着眼于把控供应链的下游，探求供应链变革的有效途径，力图提高整条供应链的运作效率。

▶　▶　第四节　峰回路转探方向

作为奥斯克奇亚太区总裁，阿莱西奥深知，虽然奥斯克奇仍是行业内的领军者，但是其地位时刻受到竞争对手的挑战，特别是国内的制造商依靠低成本占领了中低端市场，随着生产能力和技术水平的不断提升，这些制造商必将尝试进入高端市场。奥斯克奇必须依靠现有的质量和技术优势，在公司管理尤其是供应链的管理上进行改革提升。针对此次公司供应链暴露出的问题，连续一周的不眠夜里，阿莱西奥思前想后，无数个疑惑出现在他的脑海里：此次供应链整合具体应该从哪里切入？各环节间应该如何保证信息流的传递？……

为加大 QCM 公司与经销商的沟通强度，实现信息交互的高效化，阿莱西奥特意回到意大利总部与信息技术负责人达尼洛了解集团信息系统的推进情况。达尼洛眉头紧锁："就目前情况来看，QCM 公司和经销商之间的信息传递可以进一步系统化、平台化，经销商可以通过线上下单，查询配件图号、库存、价格和规格等信息。QCM 公司可以同时获取订单信息，直接关联到 SAP 系统，避免手工录入带来的失误，减少其在各部门中传递的时间差，尽量避免数据在传递过程中的'失真'现象，合理安排采购计划、生产计划。如果要搭建双方的信息共享平台，要做好引入新系统的准备。现在集团正准备引入一个系统，也许可以解决您面临的这个问题。现在我们正处在准备需求和功能设计阶段，你们如果有什么需求可以提出来，以便完善系统，这样能较好地满足业务需要和中国经销商的使用习惯。但要提醒的是，如果决定引入该系统（见图 5-3），会对公司内部各个部门的配合程度要求很高，一定要做好引入系统的前期准备，稍后我把系统的用户使用手册设计初稿用邮箱发给您。"

扩展阅读 5-2

@work用户使用手册设计初稿

图 5-3　"@work"系统图标

面对达尼洛的提议，阿莱西奥开始犹豫，他无法保证各部门能够好好配合，就当前各部门的情况，有必要让大家一起讨论一下，在征求大家的意见后再做决定。

飞机一落地，阿莱西奥直奔公司，当天下午两点，会议准时召开。会上，阿莱西奥说道："单凭从系统用户使用手册上对新系统的了解，我觉得可以一试，信息化平台的建设在供应链中发挥的作用是毋庸置疑的，如果新系统能够在各部门和经销商之间推广开来，也许真的能促进大家及时进行信息交流互通，有利于整体效率的提高，但是系统与我们业务的实际情况是否能够相适应，仍然需要好好考虑。尽管目前各大企业争相引入各种各样的 ERP 系统，以期提高信息交流的效率，但不得不承认的是，不少企业都成了失败的案例，我们绝不能将改革的效果过度理想化。"

销售部经理米奇说道："新系统上线，也许会给我们带来很多便利，但是也会极大地改变我们现有的工作模式，特别是经销商一端，毕竟人家有自己的工作方式，又不属于我们管理。为了配合系统，部门员工现在手上大部分的工作需要在形式上进行一个转变，这样的话，近期员工们的工作量会非常大，系统上线初期部分员工可能会出现热情不高的情况，系统的实际使用效果谁也不能保证。此外，我们还需要一定的时间和经销商们进行沟通，制定相关的规定，鼓励大家积极响应，如果他们愿意配合使用新系统，我们必须派专业人员就如何使用系统对他们进行指导。"

采购部经理弗兰克接着说："如果实施新系统，仅我们公司内部进行流程改造是没有意义的，整个供应链的业务流程都需要做出相应的调整，才能更好地适应新系统的加入。这就要求我们带动上游供应商和下游经销商同步进行改造。但是，面对如此大的变动，会有几家供应商愿意花费精力来配合，我们不得而知。如果我们因此流失了大量的供应商，结果只会得不偿失！"

仓储部经理威廉接着说道："是的，就像我们刚引进 SAP 系统的时候，一开始都会遇到各种问题，比如增加了工作流程和处理环节，降低了工作的灵活性等。虽然引进新系统会加快信息的实时传递，但如果线下的产品调配跟不上速度，一切努力到最后还是白搭！让 QCM 公司如此庞大的仓储物流体系短时间内去适应一个新的操作系统，并没有想象的那么简单。"

听完大家的看法，阿莱西奥再一次陷入沉思，供应链的改革具有一定的风险，如何提高人员及合作商的配合度，如何做好信息系统的技术维护，以及新系统的长期适应性等问题，都是值得思考和重视的重要问题。在引入新系统之前，不仅要对各部门员工进行系统使用的激励和培训，同时还要针对经销商的实际情况，制定相应的奖惩机制，以激励经销商更好地接受新系统的加入。面对新系统的加入，公司内外的各项业务都需要流程再造，这些都需要花费大量的人力、物力和财力。

窗外天色已晚，阿莱西奥拖着疲惫的身体离开会议室。他知道，最后的决定对于 QCM 公司未来的发展关系重大。面对这一艰难的选择，阿莱西奥站在分岔路口，举步维艰……

▶ ▶ 启发思考题

1. QCM 公司在经营过程中遇到了哪些问题？这些问题分别属于什么类型的瓶颈？

2. 如果 QCM 公司选择上线新系统"@work"，需要做哪些前期准备工作？预计未来会面临哪方面的问题？

3. 通过对"@work"系统的介绍，你认为 QCM 公司是否应该选择上线新的信息管理系统"@work"？如果放弃引入，是否有其他的途径来提高供应链信息流的效率？

教学视频

▶ ▶ 参考文献

[1] 王翌秋，李康涛，曹蕾.我国农机融资租赁发展现状与运行模式研究 [J].中国农机化学报，2021，42（10）：213-217.

[2] 孙道贺，杨欣，魏津瑜.基于工业互联网的农机供应链多边匹配问题研究 [J].中国农机化学报，2021，42（09）：130-135.

[3] 耿丽微，董婷婷，张德宁.农机产品闭环供应链定价模型分析 [J].农机化研究，2010，32（11）：61-64.

[4] Asl-Najafi J，Yaghoubi S，Zand F. Dual-channel Supply Chain Coordination Considering Targeted Capacity Allocation under Uncertainty[J]. Mathematics and Computers in Simulation，2021，187：566-585.

[5] Gago-Rodríguez S，Márquez-Illescas G，Núñez-Nickel M. Bargaining Power as Moderator of the "Delay Costs Effect" in Supply Chain Negotiations[J]. Management Accounting Research，2021，51：100737.

[6] Jian J，Li B，Zhang N，et al. Decision-making and Coordination of Green Closed-loop

Supply Chain with Fairness Concern[J]. Journal of Cleaner Production，2021（1）：126779.

[7] 魏津瑜，汤玉巧，杨欣 . 基于工业互联网的农机供应链创新结构及运作模式研究 [J]. 中国农机化学报，2019，40（10）：154-161.

[8] 王叶萌，等 . 农机类科研院所科研副产品管理规范研究探索 [J]. 中国农机化学报，2021，42（11）：232-236.

[9] 刘婷韬，等 . 基于二维码的农机机组作业监测方法研究与试验 [J]. 中国农机化学报，2021，42（04）：163-169.

[10] 陈丽 . 基于 SAP 系统的公司销售业务内部控制研究——以丰林集团为例 [J]. 财会通讯，2020（24）：129-132.

[11] 王静 . 基于"互联网 +SCER 追溯平台"的供应链生态系统监管研究 [J]. 西北大学学报：哲学社会科学版，2022，52（02）：183-192.

第六章

困境中的突围：QCM 公司
库存管理优化之路

▶ ▶ 第一节　危机时刻，共寻原因

2017 年底的一天早上，奥斯克奇亚太区总裁阿莱西奥召集各部门经理就配件销售额显著下滑的问题进行会谈，并将近两年的销售额数据传给各与会者：仓储部经理威廉、采购部经理弗兰克、生产部经理克劳迪奥、销售部经理米奇和财务部经理艾伯特。

阿莱西奥神情严肃，说道："各位手头上拿着的是我们公司这两年的配件运营数据，现在集团母公司正在全力准备上市，需要提高资产周转率数据，但是我们中国市场的配件销售额从 2016 年开始大幅度下滑，库存却不断攀升，2017 年的库存周转率只有 0.6，集团管理层非常不满，要求我们必须把库存降到现有库存的 2/3。但是，我们现在配件满足率只有 83.6%，低于总部和其他分公司。如何把库存降到符合总部的要求，并且提升我们的市场满足率？"

销售部经理米奇接着说："现在市场对我们配件供应不及时的抱怨确实比较大，满足率低不仅会造成配件的销售量低，也会给品牌和整机销售带来很大的负面影响。"

阿莱西奥瞥了威廉一眼说："你有什么看法？"

仓储部经理威廉有些尴尬："我们的库存近两年

增加了很多，给我们的仓储管理带来很多困难，主要是因为近几年市场环境不好，公司为提升销售额，推广了很多新产品，希望以新产品形成增量和竞争优势。新产品的配件储备主要参考总部和青岛公司一线服务人员的建议，预测与实际需求存在偏差，导致过度储备。另外，由于市场环境和国产仿制件的冲击，配件销售量下滑，造成很多原先的库存无法销售，成为呆滞件。而且，新产品故障可预测性差，造成在途配件增加，也降低了配件供应的满足率。"威廉清了清嗓子接着说，"至于满足率低，除了前面提到的新产品的问题，现在配件来源分为进口、国内采购和自制，外部需要与总部和供应商对接，内部的采购、生产和订单处理等环节也都存在一些问题。当然，我们仓库的内部管理也有一些问题。"

生产部经理克劳迪奥说："我们的整机生产是按照生产计划安排生产的，如果为满足配件供应临时增加配件生产，会严重影响我们正常的生产进度。如果将配件生产加入生产计划，时间又会较长，建议仓库储备一些常用生产配件。另外，配件需求不确定，市场会有与整机生产相冲突的问题，前两天就刚发生，市场急需配件，仓库先把配件发给了客户，又恰好赶上整机生产计划调整，造成无件可以生产。"

仓储部经理威廉不屑道："就是因为以前储备了很多生产的成品配件，造成库存增加。"

克劳迪奥不悦："对于这些急需生产的配件，销售部都以为是我们生产慢，供应不及时，除了生产计划排产的问题，其实很多时候是因为没有原材料，我们也没法生产。建议采购部和仓库增加配件销售预测，并根据预测储备让供应商储备原材料。"

采购部经理弗兰克坐不住了："现在不用说配件预测的难度很大，整机生产计划都经常变动，销售部时常提报紧急订单，让我们和供应商都疲于应付。今年我们的采购量下滑较大，供应商合作的积极性也不高，进口件的流程和不可控因素更多。最好的解决办法还是调整仓库，现在新的和需要的材料进不来，老的出不去，导致我们呆滞库存很多。另外，近两年销售部和技术部不断要求和开发新产品，导致我们产品种类和配置越来越多，销量越来越分散，生产和配件供应难度加大。"

销售部经理米奇称："当前整个行业处于下滑周期，供大于求情况严重，为了尽可能争取订单，我们只能按照招标方和用户需求改变产品配置，满足他们的需求。而且，集团总部要求一些市场销量好的其他产品在国内试销，所以产品种类越来越多。"

阿莱西奥静静听着几个部门经理讲述各个部门遇到的麻烦和问题，他意识到，要解决配件的满足率和周转率这对矛盾的关系，不是某一个部门和环节能够解决的，必须从整体的供应链的角度入手。QCM 公司目前的供应链环节过于独立，缺乏有效的协同和互联互通，"销售预测—订单处理—仓储—采购—生产"流程及与总部的协同都有很大的改善空间。阿莱西奥想起仓库零乱的场面，考虑到仓库作为物流的核心纽带，当务之急应该先从仓库整顿开始。

▶ ▶ 第二节 背景简介

（一）生产基地落地青岛

意大利奥斯克奇帕斯盖迪工业集团公司始建于 1964 年，作为全球领先的专业化农机生产企业，拥有奥斯克奇、帕斯盖迪等 5 个国际品牌，全球范围内有 17 个工厂，产品遍及世界 100 多个国家和地区，2018 年营业额达到 4 亿欧元，每年制造和销售的各类农业机械超过 10 万台，全球行业排名位居第五位，已成为世界农具制造业的领军企业，并在持续发展。

QCM 公司的前身是奥斯克奇集团于 2005 年 7 月在青岛成立的全资子公司，拥有员工 200 余人。QCM 公司成立前期采用厂房租赁的方式生产，为扩充产品生产线，新工厂于 2014 年建设完成并投入使用。QCM 公司利用意大利的先进技术和设备加快产品属地化制造进程，并在中国市场积极拓展大中型机具，公司生产的中小型旋耕机、秸秆还田机、割草机等已出口到欧美和东南亚等国家和地区，年销售额超过 5 000 万欧元。

（二）行业明朗竞争多

中国作为世界农业大国，农业机械化的发展需求日益增加，政府颁布多部纲领性文件对农机购买进行经济补贴，以推进农业机械化发展进程（见表6-1），农机需求量在近年内也是显著增加，国内农机市场的前景十分明朗。在20世纪末21世纪初，农机企业掀起了一轮品牌整合的热潮，众多跨国农机巨头纷纷诞生并迅速壮大企业规模，它们依托自身的管理和技术优势在国际化竞争中发展迅速，在中国已有不少跨国农机企业建立了分公司，并在农机市场中占据着举足轻重的地位。而国内企业也不甘落后，逐渐雄起。农机市场前景明朗，但竞争也日趋激烈。

表6-1　中国政府颁布的促进农业机械化的政策

文件名称	重点内容	颁布机构	颁布时间
《中华人民共和国农业机械化促进法》	明确提出："中央财政、省级财政应当分别安排专项资金，对农民和农业生产经营组织购买国家支持推广的先进适用的农业机械给予补贴。"	第十届全国人大常委会	2004年6月
《关于加快发展农机专业合作社的意见》	明确提出："农机购置补贴资金向农机专业合作社倾斜，优先补贴，实行多购多补，有条件的地方可以累加补贴。"	农业农村部	2009年9月
《国务院关于促进农业机械化和农机工业又好又快发展的意见》	该意见全面系统地提出了我国农业机械化发展的指导思想、基本原则、发展目标、主要任务、扶持政策以及加强组织领导等方面的新要求，是指导当前和今后一个时期农业机械化发展的纲领性文件	国务院	2010年7月
《全国现代农业发展规划（2011—2015年）》	明确提出"全面落实农机具购置补贴各项管理制度和规定，加强先进适用、安全可靠、节能减排、生产急需的农业机械研发推广，优化农机装备结构。"	国务院	2012年1月

资料来源：王安立，《国内关于农业机械化的相关政策》，2018年7月1日，https://wenku.baidu.com/view/0bc825a4a5e9856a5712607f.html，2022年1月23日访问。

（三）业务繁杂问题多

农机制造行业的零部件种类繁多，以QCM公司生产的播种机产品为例，所需各类零部件约4 000种，既需要国内供应商供货来降低成本，如外观覆盖件，也需要进口零部件确保产品质量和作业效果，如播种单体、监视器等核心部件。生产完成的成品经由合作的农机经销商售卖到用户手中，农机的售后服务也由经销商一并负责，经销商是农机销售链中的重要环节。

为简化公司内部的采购、存储、配送、生产、销售等繁杂业务，QCM公司内部实行扁平化管理，设有质量部、采购部、生产部、仓储部、销售部、市场部、业务发展部、财务部、IT（信息技术）部、人力资源部等（见图6-1）。在农机制造的生产链中，采购部、生产部、仓储部与配件的采购、存储、运送密切相关。其中，采购部负责审查零部件的存储数量和生产所需数量，综合选择最优供应商适时适量购买零部件，采购的零部件存储到仓库，直接关系着库存数量和成本；生产部利用仓库中的物料进行农机组装生产，受库存的约束，产量有一定的限制，订单满足率有较大的提升空间；仓储部在配件业务中负责配件的存储，前连采购和生产，后接市场部和销售部，在公司内部供应链中处于核心位置。

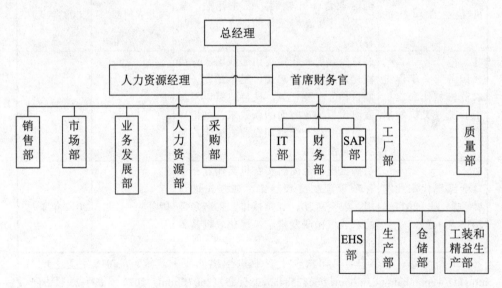

图 6-1　QCM 公司的组织结构图

在农机制造行业中，产品市场需求难以预测，紧急订单加大了零部件采购的难度，库存数量难以与生产所需的配件数量相匹配，加之配件采购、存储等各成本的增加，最终产品定价上升。库存问题已成为行业持续关注的问题。随着我国国内农机制造企业的不断增加，竞争态势十分严峻，QCM公司的销售额在近两年内出现较大幅度的下滑，加上意大利总部的责问，QCM公司的销售压力不断增加。

第三节 库存困境难突破

针对销售额下滑的问题，结合各部门经理的意见，阿莱西奥意识到库存在农机生产制造链中的关键性问题。QCM公司内部虽然已确立了库存存储原则，但配件存储系统并不完善，并未从根本上解决便利存储的问题，且零部件的最优采购存储数量也未完善。目前公司的仓储部门负责全部配件的入库、存储、盘点、出库工作，员工人数较少，分类盘点的工作量巨大，导致库存分类混乱，原料积压严重，库存问题日益显著。

（一）库存简介

QCM公司专设仓储部负责公司的库存管理，拥有员工7人，存储区域600平方米，主要存储零部件和半成品。配件到货时，首先由质量部进行配件检验，根据到货明细对配件的数量、种类和质量进行验收，点收大型配件，核对包装并开箱检验，检验通过后方可将配件入库上架，最后将入库信息录入系统。配件出货时，仓储员工根据领料单进行相应的配件查找，将配件进行包装、发运，然后系统出库。

（二）库存问题

1. 库存管理的难处

2018年以来，随着农机市场竞争的加剧，农机的种类和车型不断更新，随之配套的零部件也在不断更新和增加。农机配件的需求多样、分散，导致零部件库存管理具有一定的难度。经过上次会议的讨论，阿莱西奥意识到，库存在供应链的各环节中处于桥梁位置，目前的库存问题亟待解决。为尽快梳理并解决问题，上次会议后没过几天，阿莱西奥便又与各部门经理召开会议，商讨解决方案，完成总部设定的要求目标。

销售部经理米奇说："我们的产品作业有很强的季节性，像播种机一年工作一共就 15~20 天，如果因为配件供应不上造成停机，用户这一年就没有收入了，所以我们在降低库存的时候，一定要保证即时供应满足率。有的同事说，我们近两年推广的新产品多，产品种类增加很多，这是当前市场竞争决定的，要不我们怎么生存？"

仓储部经理威廉、采购部经理弗兰克和生产部经理克劳迪奥三人对视了一下，弗兰克说："我们也理解销售部门同事面临的问题，但是，这也确实增加了我们采购、生产和仓储的难度，而且市场销售对计划变更太随意，对预测的准确性不够重视，偏差太大，常常出现我们前脚刚跟供应商确定货品、数量和供应时间，后脚就要更换其他货品或要求供应商提前交货期的情况。"

仓储部经理威廉补充道："还有，销售产品后没有反馈，我们无法根据实际销售的产品做易损件的储备。或者是一线销售和服务人员为了保证配件供应，往往夸大预测需求，造成库存积压。"

生产部经理克劳迪奥插话："两位说得对，临时增加紧急订单过于频繁，有的时候需要我们花费大量的人力、物力来更换模具，调整生产计划，影响了其他订单的正常交付，导致加班过多，财务部也多次提醒我们人工费用在不断增加。"

销售部经理米奇愤愤地说："如果不能及时满足客户要求的配置和供货周期，订单就被竞品抢走了！"

阿莱西奥沉思了一下，意识到仓库的改善绝不只是仓储部一个部门可以完成的，生产、仓库和采购部说得也对，销售部确实存在这样那样的问题，给其他部门带来很多的麻烦，但是现在竞争这么激烈，没有销量怎么跟集团交待？

阿莱西奥总结说："市场在变，我们的工作思路和方式也要改善和提升，这样才能有竞争力，各个部门要有全局的眼光，我们现在要讨论的核心问题是在这种市场要求下，对整个供应链进行优化调整。"

话音刚落，仓储部经理威廉接话道："阿莱西奥说得非常有道理，我们仓储管理在跟其他部门的信息共享和沟通协同方面做得还不够，应该跟销售、生产和采购多配合，才能一起完成总部对我们的要求。"

其他人也纷纷称是，但是对于具体怎么实施却并未发言。

2. 缺乏供应链的整体观念

在农机制造的整条供应链中（见图 6-2），供应商、制造商、分销商各个节点都独立持有自己的库存，各个节点追求自身成本最小化、利益最大化，公司内部尚且如此，何况外部环节。这就带来很多问题：一是配件供应商为减少库存，降低成本，往往只储备少量的常用成品件，甚至原材料也只有少量储备，对生产计划变化和紧急订单的响应能力较弱；二是除个别有实力的经销商外，大部分经销商同样为降低成本只储备少量的易损配件，这就极大降低了供应链的配件满足率，为客户的售后服务带来极大的不便，客户满意度较低；三是部门间缺乏互联互通和信息共享，加剧了各环节的呆滞库存，各环节往往出现要么都有库存，要么都没有库存的尴尬情况；四是信息的不通畅，也极大影响了信息流的传递，误判、遗漏、遗忘和失真等信息传递问题常有发生。从供应链全局的角度来看，各节点单独管理库存的效率较低，极易形成"信息和物流孤岛"，很难达到供应链的整体最优，削弱了供应链的整体竞争力。

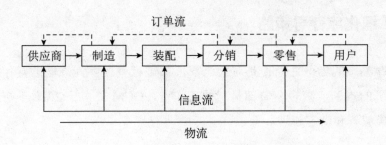

图 6-2　QCM 公司的供应链示意图

资料来源：根据 QCM 公司内部资料整理。

另外，供应链库存系统的整合管理和绩效评价存在一定的缺陷，这是农机制造业及其他制造行业普遍存在的问题，使得供应链库存整体最优缺乏可供衡量的指标。

3. 低效率的信息传递系统

农机客户的配件需求具有较强的不确定性，因作业环境、工况和用户使用习惯等差异较大，除易损件外，其他配件的需求预测比较困难，这对生产计划、采购计划的制订和配件存储状态有着较大的影响。保证供应链信息流、物流和资金流的畅通连接，对提高响应顾客需求的效率有着至关重要的作用。

但目前 QCM 公司与供应商、经销商的信息共享程度较低，供应链的信息系统并未很好地集成起来，从用户提出需求，到经销商、QCM 公司，再到供应商（奥斯克奇总部或其他海外工厂），以及各环节内部的销售、仓储、生产、采购，甚至技术和财务等部门对订单的处理与传递，极易造成延迟或偏差，使得订单处理效率低下。

▶ ▶ 第四节　整改库存探出路

2018 年初，面对以上库存管理中存在的问题，QCM 公司围绕内部仓储部开始进行整改，重新定位仓储策略。此外，为与供应商和经销商协调管理库存并实现供应链整体库存最优，公司开辟了新的变革方向。

（一）细化库存寻策略

库存整改的当务之急便是对仓储部内部进行整改。为降低上万种零部件库存管理的难度，减轻仓储部员工的工作量，QCM 公司于 2018 年初对配件实行分类编码和动态管理。

1. 配件 ABC 分类

为将上万种配件合理存储，方便在配件出库和入库时快速查找，2018 年 1 月 QCM 公司开始对配件进行 ABC 分类。该分类方法是基于配件价值或年度销售金额，首先按配件单价乘以年度出库量，得出配件年度的销售金额，最后从年度最高的销售金额开始依次对配件进行排序，对于排序靠前的关键配件进行重点分析管理。

最终将配件分为 A、B、C 三类。其中 A 类库存品种少，消耗量大，库存周转快，要严格监控，定期盘点，统计配件消耗规律，提前做好预测准备；B

类库存主要是一些价值高、数量少的重要部件，对于此类配件进行一般控制管理即可，注意避免一次性大量采购，但需要定期检查、盘点；C 类库存品种多，消耗量少，库存周转慢，对于此类配件管理不需要太严格，保证库存不出现断货即可。

2. 配件库位设置与管理

2018 年 2 月初，为将配件准确定位，仓库统一为所有的配件编写货架号、货位号，但由于配件种类达上万种，为配件编码并不是一件容易的事。仓储部对走道、货架列、货架层、某一层的具体位置分别编码，采用字母与数字相间组合的方式，按照位置顺序并结合配件属性进行排序。将货架按规格及布局进行分类，货架共分六层，依据配件的尺寸和重量进行储存位置排序，并结合 ABC 分类将配件按所属种类分区域排放。

配件入库时，按照编码进行堆放，并做到过目点数、检点方便，方便配件的数量控制与清点盘存。编码制为每种配件确定了唯一的存储位置，无论配件入库还是出库，都可以做到配件的快速准确定位，为配件存放和提取节省了大量的时间，并使各配件的库存数量更加清晰。

3. 动态管理配件

配件产品有其生命周期，不同的配件因性能、材质、易损程度的不同，生命周期也有较大的差异。对于特定配件的库存、订货管理，要结合配件的生命周期进行需求和周期变量的确定，在其生命周期的不同阶段实行不同的储备战略。

2018 年 2 月末，QCM 公司按配件生命周期对配件库存进行动态管理，各配件中心通过配件需求的历史记录统计需求频度，找到配件的需求规律，确定需要库存的配件范围。在月均需求少、需求频度低时不建立该配件库存，相反在月均需求大、需求频度较高时对该配件建立库存，并在平稳期时进行库存管理。当配件的需求进入衰退期时，开始"停止库存实验"，并在需求降低到一定程度后将库存报废。

在库存整改前，QCM 公司的仓库管理人员对新措施的抱怨较多，担心分类、编码的步骤复杂，难以有效实行甚至增加工作量，但在仓储部经理威廉的强力支持与推动下，仓储部从 ABC 分类开始，到编码制，再到动态管理库存，将新措施一步步执行起来。出人意料的是，此番库存整改并没有员工想象中的困难，大家积极学习，并渐渐感受到新措施的高效性。一个多月的时间，仓储部便完成库存的初步整改，通过 ABC 分类、编码制、动态管理库存，配件的存储不仅井然有序（见图 6-3），入库、检查、出库的效率也大大提高，呆滞配件的库存量更是不断下降（见图 6-4）。

图 6-3　库存实行分类编码整改后

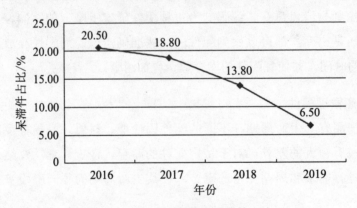

图 6-4　QCM 公司库存呆滞件占比

（二）三方合作促协调

QCM 公司内部的库存问题经过上述分类、编码、动态管理得到优化解决，各配件存放井井有条，入库、存储、出库、盘点的工作量大大减少，但如何提升整个供应链库存的周转率，同时提升终端用户的满足率呢？对终端用户的满足率才应该是供应链绩效最重要的衡量指标。

在农机制造整条供应链中，供应商、制造商、经销商三方都有自己的库存，但往往只追求自身利益的最大化，尽可能地减少自己库存的积压，这就影响了产品的快速供应。而供应链管理下的库存优化应以整体利润最大为目标，因此 QCM 公司遵循互利共赢的原则，加强与供应商和经销商的信息共享，建立"互补"库存。如经销商重点储备 A 类和少量 B 类配件，QCM 公司重点储备 B 类和 C 类配件，增加了供应链库存的种类，提升了即时满足率。

1. 供应商的库存管理

供应商依据采购部的采购计划为制造商 QCM 公司提供配件，由于制造商生产计划的调整或者紧急订单的增加，为保证配件的及时供应，QCM 公司于 2018 年 3 月与各配件供应商进行协商，要求供应商储存一定量的高货值配件。当有新订单时，供应商可将配件及时送到 QCM 公司，一方面可降低提前储备配件的安全库存数量，减少库存成本，另一方面也可节约农机生产时配件的等待时间，提高生产效率。

2. 制造商的库存管理

QCM 公司在 2018 年初针对生产所需的配件需求量进行了具体的量化。过去 QCM 公司以客户满足率为首要目标，忽视了库存的高成本对公司实际利润的影响。此次，QCM 公司从科学理论方面进行配件库存数量的确定，根据市场预测的产品需求情况，计算配件的预计需求量，并在公司内部实行准时制生产方式，基本思想是在正确的时间生产正确数量的配件和产品，避免多余配件的存储，降低库存成本。

此外，为防止实际需求超出预期需求，仓储部对常用和通用配件设立安全库存。过去 QCM 公司对安全库存量的设定仅依靠销售部员工的一线预测及生产部员工提出的额外需求，而部分员工为保本部门的利益而虚报配件需求，造成配件过多储备，形成库存积压。此次库存量的设定，主要依据数学模型，通过科学计算，得到准确性较高的安全库存量，既降低了总库存，又节省了存储空间与库存成本。

3. 经销商的库存管理

2018 年 4 月，QCM 公司与经销商合作细化其库存管理方式。考虑到部分配件的易损性较大，为方便客户在农机配件损坏时得到快速整修，QCM 公司对农机经销商进行了配件存储管理培训，对经销商存储配件的种类和数量进行细化分类，并据此提出合理的存储建议，提高了经销商的服务质量。

（三）部门利益有舍得

经过以上三方几乎同步的库存整改，到 2018 年 6 月，供应链整体的库存成本出现下降的趋势，QCM 公司的配件库存金额逐渐下降（见图 6-5），库存周转率也在回升（见图 6-6）。此时阿莱西奥对从供应链整体角度下进行的库存最优整改措施充满信心，却没想到公司内部又出现了矛盾。

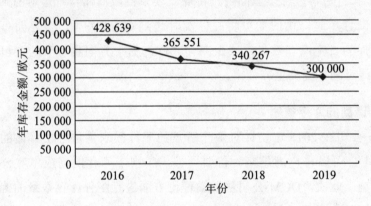

图 6-5　QCM 公司年库存金额

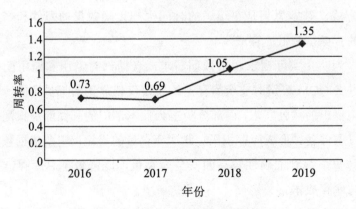

图 6-6　QCM 公司年库存周转率

生产部经理克劳迪奥眉头紧锁，忧心忡忡地来找阿莱西奥："我们生产部这几天接连接到紧急订单，去仓库拿配件，仓储部的员工竟然说没有。这不是耽误生产吗？我们生产部的订单越来越多，产品却生产不出来，供货期一再延后，恐怕客户又要抱怨了。"

阿莱西奥一脸疑惑，立即打电话将仓储部经理威廉和采购部经理弗兰克喊来询问情况。

仓储部经理威廉解释道："仓库现在的库存量是完全按照公司新实行的库存设定方式而制定的，并合理设立了安全库存量，之前生产部总是抱怨配件出库手续太烦琐，现在我们已经进行了分类编码，并实行'配餐制'，配件的存储摆放井然有序，出库效率很高。因为生产计划近期变更频繁，我们也一直询问采购部缺货物料的到货情况，但是物料迟迟不能到货。"

采购部经理弗兰克也愤愤不平："我们也一直在催供应商供货，供应商也很不满。"

听过几个部门经理的意见后，阿莱西奥认为，公司内部的仓储部、生产部、采购部之间环环相扣，各有各的道理，如果不能设法提高需求预测的准确性，临时性紧急计划过于频繁，必将导致后面各环节的低效率衔接。加之，需求信息传递滞后，公司内部各部门和供应商都不可能实现快速反应。因此，一方面，应当提高销售部需求预测的准确性；另一方面，应当完善信息传递共享机制，提高整个供应链响应的速度和效率。

（四）信息共享破孤岛

在公司内部，为防止仓储部、采购部、生产部、销售部之间因信息传递障碍造成配件采购数量与生产所需数量不匹配，进而导致库存积压或短缺的问题，2018 年 7 月，QCM 公司计划更新公司内部的信息传递系统，通过 SAP 系统加快公司内部各部门之间的信息传递速度，实现配件需求信息与配件库存信息在各部门之间的实时传递，便于配件的提前采购，并将生产所需配件及时送到生产线，减少产品生产时配件短缺问题的发生率，提高配件的供应满足率。

此外，阿莱西奥认为配件库存数量的确定，还需要外部供应链间信息的快速传递与实时共享。2018 年 9 月以来，QCM 公司为将供应链的信息系统更好地集成起来，与经销商之间的信息传递时间由三天缩短至一天，实时掌握经销商的配件库存信息，并对短缺配件进行及时补充，同时经销商与 QCM 公司共享市场的销售数据和市场预测数据，进而减小"牛鞭效应"，提高市场需求信息的实时性与准确性，方便了农机生产计划的制订和配件采购数量的确定。为实现市场信息获取和与经销商充分共享信息，QCM公司使用"@work"系统为经销商提供实时库存信息，同时"@work"系统具有零件订购、产品注册和索赔申请等相关功能，为经销商提供了极大的便利。此外，QCM 公司与供应商之间共享公司的生产能力信息和即时库存信息，供应商对配件需求做出初步预测，以制订较为准确的配件生产计划，定量准时生产配件，以减少双方的库存数量，提高库存周转率。

第五节 云拨雾散亦难行

QCM 公司在内部实施 ABC 分类、编码制、动态库存管理，完善配件入库、储存、出库的管理方式，改变了零部件杂乱堆放的问题，并使库存管理井井有条，大大减少了仓储部的工作量，提高了库存管理的效率。公司内部信息传递效率的提高，使各部门能够及时了解零部件的库存状态，零部件的采购数量和库存数量的匹配程度有所提升，配件的库存满足率得以提高。同时，QCM 公司作为农机制造商，联合供应商、经销商共同进行供应链库存的细化管理，降低了自身的库存成本，并最终实现库存周转率的提高，销售额也逐步增加（见图 6-7），意大利总部对 QCM 公司的满意度渐渐回升。

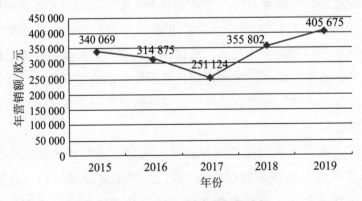

图 6-7 QCM 公司配件年营销额

QCM 公司实施的关于库存的一系列整改措施，虽使公司的产品销售状况得到一定的改善，但依旧存在一些未解决的问题。在供应链库存管理中，QCM 公司的供应商和经销商的数量繁多，公司作为制造商，与供应商、经销商的库存管理未有效达成一致，导致公司与经销商和供应商之间的协同存在一定的隔阂。

2019 年初，QCM 公司内部以及外部的信息传递共享机制基本完善，三方的同步库存整改也实行一个季度了，为检验新措施的效果，阿莱西奥再次与仓储部经理威廉、采购部经理弗兰克、生产部经理克劳迪奥、销售部经理米奇和财务部经理艾伯特召开会议，讨论目前供应链运营的状况。结果各项指标通过整改有了较大的提升，但是新问题又出现了。

采购部经理弗兰克说："公司与供应商协商同步进行库存管理，确实缩短了供应商的交货提前期，但是从最初实行到现在，供应商的配合度越来越低。大家不难想到，强制供应商提前储备配件，增加了库存成本，因为我们的生产预测不是百分百准确，造成供应商的一些储备变成了呆滞品或者需要很长时间去消化，几家主要供应商多次强烈表达了不满。"

"不只是供应商，经销商也面临类似的问题。"销售部经理米奇说，"现在市场形势不好，经销商普遍缩减开支，不想储备配件，自我们整改施行后，强制经销商按照我们的要求与推荐储备配件，比较配合的经销商进行了储备，但是难免出现储备了却销售不了的问题，这样经销商会认为是我们的计划没做好，强制他们执行，因此产生抱怨。另外，因为我们主动减少了 A 类配件的储备，要求经销商重点储备 A 类配件，但那些不配合储备配件的经销商发生了易损件供应不足的问题，也造成了用户的抱怨。因此，配合的经销商要求我们回购他们的呆滞配件，不配合的经销商抱怨我们储备不合理。"

听到采购部经理与销售部经理的困扰，阿莱西奥意识到公司内部的整改比较容易，效果和绩效也容易评价和衡量，但应该如何更好地与外部环节进行整合协同，评价与衡量绩效呢？

第六节　遥看库存管理路

在农机制造的整条供应链中，供应商、制造商、经销商各个节点都存储着不同种类与数量的配件，但各方若只考虑自己的利益追求和发展战略，从而使单个节点的库存量最少，并不能使供应链的整体利益达到最高。阿莱西奥作为亚太区的负责人，善于发现问题的本质，思索着供应链各方利润最大化的问题：将供应链各个节点的库存优化，以整体利益最大为目标，却难以兼顾每个成员的库存目标，利益分配难以达到各方都满意。供应链管理下的整体库存优化在短时间内的实现确实有一定的难度，库存管理优化之路依旧长远且布满荆棘。

启发思考题

1. 试站在农机企业的角度思考库存管理面临的困难。

2. 面对库存问题以及库存管理的困难，QCM 公司如何进行内部库存的整改和外部库存的协调？

3. 请思考 QCM 公司各个部门在供应链整体角度下如何进行库存整改措施？

教学视频

参考文献

[1]　马士华，供应链管理 [M]. 北京：机械工业出版社，2000.

[2] 赵晓波，黄四民．库存管理 [M]．北京：清华大学出版社，2008．

[3] 曾文，等．农机制造企业质量控制系统的设计与实现 [J]．中国农机化学报，2013，34（04）：71-74+91．

[4] Feng Shan Pan，Chun Ming Ye，Jiao Yang．Inventory Optimization in Supply Chains[J]．Applied Mechanics and Materials，2011，1326（66-68）．

[5] 王远炼．供应链管理精益实战手册 [M]．北京：人民邮电出版社，2015．

[6] 黎鹰．新时期农用机械制造企业供应链创新模式——评《农业机械化概论》[J]．中国农业气象，2021，42（03）：255．

[7] 陈国卿，李晓宇．基于创新视角的精益库存管理对企业绩效影响机制研究——管理创新的中介效应 [J]．科技管理研究，2019，39（05）：207-214．

[8] 孔子庆，刘白杨，刘济．一种新的不常用备件需求预测和库存优化方法 [J]．华东理工大学学报：自然科学版，2022（03）：1-8．

[9] 田言，林欣．互联网背景下企业价值链运作优化与成本突破——传统制造业的突围之路 [J]．中国市场，2018（29）：84-86．

[10] 何其，欧阳钰霓．AI 促进供应链的商业产业化研究——以供应链中的需求预测环节和智能化仓储管理为例 [J]．商场现代化，2020（24）：15-17．

第七章

刀尖上的舞蹈：QCM 公司
需求预测优化之路

每年 3—5 月和 9—11 月是农机制造企业——奥斯克奇（青岛）农机制造有限公司（以下简称 QCM 公司）配件的销售旺季。配件部在这期间经常接到经销商和客户的电话，抱怨配件供应不及时，以致他们不能按约定的交货期交货。

农机配件的销售市场具有特殊性，如果配件供应不及时，会导致农机无法正常运转，甚至停机，就会影响农作物的收成，甚至农户一年的收入都"打水漂"。这样不仅会使 QCM 公司失去这些农户的配件销售订单，更会给 QCM 公司的农机整机销售和品牌形象造成严重的影响。

2018 年 6 月 26 日，QCM 公司负责人阿莱西奥针对公司近期频发的下游经销商投诉配件不能及时供给（见图 7-1），导致部分客户停机停产的问题，召开了高层会议。会上，阿莱西奥梳理了近期公司新增订单的波动率、运营绩效和信息管理系统的优化变革进程之后，说道："配件销售需求很大一部分来源于农机的故障维修，而农机作业有着无法变动的时间安排。今天大家就一起讨论下有关配件供应不及时的投诉问题。"

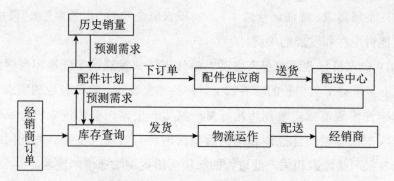

图 7-1　QCM 公司配件供应链

第一节　背景：农业机械化

2004 年 11 月 1 日，我国首部关于农业机械化的法律《中华人民共和国农业机械化促进法》颁布实施，中央开始施行农机购置补贴政策。到 2014 年，中国农业机械化率实现年增长率 20% 以上的高速发展，被誉为中国农机发展的"黄金十年"。[①] 大量农机企业以获取政策补贴为生存点，在技术创新、管理升级和客户关怀方面不够重视，在"黄金十年"，国产农机与国际巨头之间的产品差距不但没有缩小，反而有加大的趋势。自 2014 年拐点以后，国内农机市场一直保持较低增速，国家统计局的数据显示：2017 年 2 429 家规模以上农机企业中，217 家企业出现亏损。[②] 根据 2018 年农机工业运行数据，全行业主营业务收入为 2 601.32 亿元，同比增长 1.67%；规模以上企业利润大幅下降 15.76%，一直处于负增长状态，主营业务收入与波峰的 4 000 亿元相比，相差甚远。[③] 以上数据表明，中国农机市场正由高速增长的增量市场转变为追求安全、可靠、优质和高效的存量市场，农机企业能否提升产品质量、

---

① 中国农业新闻网，"中国农机工业遭遇'成长的烦恼'"，农机通，2018年1月4日，http：//www.nongjitong.com/news/2018/427446.html，2019年9月14日访问。

② 中国农机网．2017中国农机化发展白皮书（一）——综述，中国农业机械化科学研究院，2018年4月2日，http：//www.caams.org.cn/zxzx/xyzx/2018/04/63284.shtml，2019年9月14日访问。

③ 中国农机网，"2018年农机工业主营收入2600亿元，利润大幅下降15%，企业路在何方"，中国农业机械化科学研究院，2019年4月10日，http：//www.caams.org.cn/zxzx/xyzx/2019/04/67363.shtml，2019年9月14日访问。

快速响应市场需求、降低运营成本，即实现农机企业的"提效率"和"降成本"，将是其能否生存和发展的关键。

2019 年农机行业调整仍在继续，整体市场依然延续了低速和盘整的运行态势，上半年处于负增长的临界线上。种种迹象表明，农机行业的需求主力，已经由刚性增量需求过渡到市场存量产品更新上，一些传统农机产品，如拖拉机、收割机等因产能过剩和结构调整而出现有效需求下降。与此同时，新兴小众农机产品，因相关产业进程的加快而出现需求递增的现象。

近几年，农机市场中低端供应过剩，经过近十多年的积累沉淀，国内品牌有着明显的往中高端发展的趋势。农机市场出现了大量"大马拉小车"的问题产品，即发动机功率与机械底盘不匹配，进而导致发动机功率大大超过底盘所能承受的极值的产品。而这正是由于市场竞争的加剧与利益驱动，部分厂商以劣质、低价或者超低价进行恶行竞争所催生的现象。与此同时，一些生产高端产品的外资竞争对手越来越重视中国市场，并加大对中国市场的资金投入，农机市场行业的竞争也愈发激烈，用户对农机高端产品可选择的空间越来越广阔。

▶ ▶ 第二节　公司产品供应情况

QCM 公司内部实行扁平化管理，设有质量部、采购部、生产部、仓储部、销售部、市场部、财务部、IT 部、人力资源部等。在农机配件的供应链中，配件部主要负责各类配件的安全库存设定及控制，结合经销商以及客户在 SAP 上发布的订单，制订和实施进口、国产、自制配件的需求计划；采购部负责各类配件的订购工作，包括确认订单、交货日期和数量，向意大利总部和其他供应链上游的供应商提交原材料订单；生产部负责对原材料进行加工生产；物流部负责配件储运，主要负责配件的物流规划、方案和实施；仓储部负责配件的日常仓储管理；销售部工作由各区销售经理联合经销商进行农机产品的销售。用于销售的配件由配件部负责，而配件的供应由配件部与处于供应链下游的经销商合作完成（见图 7-2）。

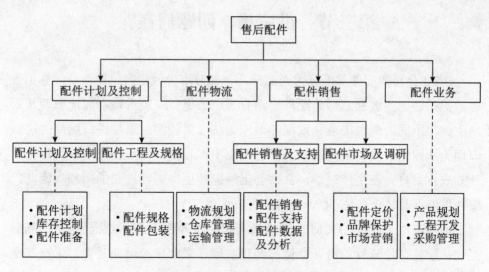

图 7-2　QCM 公司相关配件业务整理

　　QCM 公司利用意大利总部提供的技术和设备，生产并销售农机整机及其农机配件，与此同时，公司也向客户提供技术支持和售后服务，包括一些农机新机型的使用指导、排除故障、备件更换、设备维护和更新等售后维修服务，具体由各大区的服务经理和经销商协作进行。由于农机器械属于大作业、高消耗品类，易出现配件损耗问题，因此在销售时 QCM 公司对用户做出承诺：在农机使用过程中出现的配件损耗或意外事件，导致零部件损坏，用户可以通过服务维修商或配件经销商在 48 小时内采购到同类别的配件。

　　QCM 公司的农机产品主销中国东北、西北、华中地区，其中销量最高的是播种机，其余主销产品还包括旋耕机、动力耙、大犁、打捆机等。虽然农机产品的更新换代频率慢，产品之间的替代性较弱，如旋耕机一直是 2000—2014 年的热销产品，但随着连年的旋耕机耕作，造成水土流失、土壤板结，旋耕机的销量进入衰退阶段。QCM 公司为了满足减少耕作、保护土壤的用户需求，推出免耕播种机。相较于老式播种机，新型免耕播种机中有 30% 的配件是最新工艺生产的，因此在产品稳定性、使用寿命等方面也都有了很大的提升。

▶ ▶ 第三节 供应难，问题何在？

QCM 公司的配件供应分为两部分，一部分用于销售的配件，一部分用于售后的配件。意大利总部的配件来源有三个渠道：原装进口、属地采购和属地生产。不同的来源渠道导致配件供应无法准确预测，原装进口配件的进口周期无法固定，属地采购的采购提前期也不尽相同，属地生产则要根据生产计划安排生产，在生产旺季，常常会出现配件生产周期过长的问题。因此，配件供应不及时一直是 QCM 公司的供应难题。

为解决这一难题，QCM 公司负责人阿莱西奥召开了一次配件供应的高层会议。配件部经理罗伯特、仓储部经理威廉、采购部经理弗兰克、生产部经理克劳迪奥、销售部经理米奇和财务部经理艾伯特参加此次会议。

在会议上，阿莱西奥首先发言，视线转向仓储部经理威廉："配件供应不及时对公司运营的危害是巨大的，为什么仓储部没有做好这些配件的充足储备呢？"

考虑到近几年农机整机的市场需求波动明显，产品更新换代的频率加快的现象，仓储部经理威廉回应道："我们曾和配件部协商，增加了部分常用配件，即 A 类和 B 类配件的储备，虽然满足率从 75% 增加到 83%，但是这样一来库存成本增加了近 30%。且近几年由于农机市场需求的变动和一些新产品的推广计划，库存成本增加了不少，不能通过存储配件来提高满足率。"

QCM 公司现阶段的库存主要通过 ABC 分类法进行储备，近几年农机整机市场的需求波动，致使配件的需求也处于调整变动中，原先的 A 类配件很有可能会被重新归为 B 类或 C 类，销售端需求的不稳定让企业对相关配件的储存量也变得更具不确定性。此外，为了尽可能争取订单，QCM 公司基于招标方和用户需求改变产品配置，推出了很多新产品，对于新产品的配件而言，由于销售缺乏特定的历史需求数据的支持，新产品的配件也难以进行 ABC 分类管理。由于以上两方面的影响，近来库存成本增加了不少。

生产部经理克劳迪奥紧接着说："我同意，我们整机生产是按照生产计划安排生产，如果为满足配件供应临时增加配件生产，会严重影响我们正常的生产进度，也增加了生产成本。"

对于如何在减少配件供应不及时，提高客户满足率的同时，尽量减少库存成本的问题，阿莱西奥陷入了思考："配件供应不及时，说明仓库里没能在客户需求到来之前储备足够的该类配件；大量配件积压，说明公司对将来一个时间段内客户所需的配件类型与数量的预测偏差较大，而解决这两个问题的关键都离不开对配件市场需求的有效预测。"由于新产品的配件和原有产品的配件在需求预测方法上有所区别，阿莱西奥决定分别探讨这两大类产品的配件需求预测上现阶段遇到的难题。配件需求预测往往覆盖企业不同时期推向市场的多代产品、多种产品，包括用于销售的配件以及用于售后服务维修产品的配件。

配件部经理罗伯特首先说道："新产品由于没有历史销售数据可以参照，其配件储备主要参考总部的建议和销售以及服务人员的主观预测。就比如相较于传统的播种机，新生产的免耕播种机里用到的配件排草轮，往往通过简单类比以往老款播种单体同时段的历史销售数据，再结合一线人员的经验，对销售量进行预测。且新产品配件的市场需求具有很强的不确定性，顾客的需求经常变动，而且变动幅度难以掌控，所以我不建议在新产品预测方面下太多功夫，怕到时候花费过多的时间和精力，结果却收效甚微。"

销售部经理米奇听罢立即站起来发言："我不同意配件部经理的看法，就像咱们的对手公司'中国一拖'，该公司根据最新的市场需求开发了全新或变型产品，如东方红 LX1604/LX1804 轮式拖拉机等一系列农机，这些产品将成为 2019 年东方红品牌推向市场的主打产品。集团总部要求一些其他市场销量好的产品在国内试销是符合市场趋势的，但是如果这些新产品的相关配件预测的准确性太低，配件供应不及时的现象频发，会不利于新产品的推广上市，更不利于抢占市场份额，完全违背了公司现阶段的战略。"

考虑到新产品对库存的压力，仓储部经理威廉点点头，说道："公司战略里经常提到要'开源节流'，我认为在做'开源'的同时，'节流'也非常重要，甚至'节流'是企业竞争中拉开优势的重要因素。对仓储部而言，削减库存成本是非常重要的考虑因素，不仅要预测新产品的配件需求，市场需求大幅变动的一些原先产品的配件需求也要预测。"

"我不否认新产品进行需求预测的重要性和必要性。"配件部经理罗伯特提出了自己的困惑，"它的确很重要，但是我们回到技术层面来讲，现在新产品预测主要靠预测人员的主观经验，如果想更科学一些，可尝试使用数学方法进行定量预测，但也缺乏历史销售数据的支持。如何在预测方法上进行改进啊？数据又要从哪里获取呢？"

仓储部经理威廉提出了自己的建议："新产品的预测问题一直困扰着农机制造业的配件供应，即使在咱们农机行业找不到，还可以考虑借鉴其他行业。农机制造业和汽车零部件制造业的共性问题非常多，也有很多相同的配件，很可能可以找到类似的做法。"缓了缓，他接着说道，"既然罗伯特提到了技术层面上预测方法的问题，咱们就说说公司配件的定量预测方面，公司的 SAP 系统里存储了丰富的配件销售历史数据。可经过一段时间的统计，从 SAP 系统里导出的预测值来看，其和实际值还是有不小的差距。就技术层面来说，对原有配件的需求预测进行改进，其实并不容易。"

经过经理们的讨论，阿莱西奥对新产品配件需求预测的改进和原有配件的需求预测的必要性和难处都有所了解。此外，阿莱西奥从 SAP 系统里调出了近两年配件销售数据预测值与真实值对比表，发现确实如威廉所说，很多配件的预测值和实际值的差距很大。

根据历史销售数据，用数学方法进行需求预测是基本、科学的预测方法，因此，这类定量预测方法的应用必然要重视起来。阿莱西奥决定着眼于 SAP 系统中需求预测模块进行定量预测方面的改进，对于一些难以量化的影响预测的各类因素也进行了更细致的讨论。

▶ ▶ 第四节 挖根源，需求预测

在公司配件具体预测中：需求预测由配件部牵头，各大区销售经理和服务经理，以及经销商、采购部、仓储部人员共同参与，形成月度储备计划、季度储备计划、半年度储备计划。主要预测方式是依据 SAP 系统导出的预测值，并征集各部门的预测建议，类比以往时段的历史销售数据，以及其他影响需求预测的因素，进行经验判断后做出定性调整，得出最终预测值（见图 7-3）。比如在预测 5 月份播种机的常用配件时，SAP 系统导出的定量预测为 341 个，但是由于今年春季雨水多，可能会造成播种机的零部件损坏，预测人员参照以往曾出现的相同情况下的实际需求值以及自己的经验，经过定性预测调整，增加 50 个配件，最终预测值为 391 个。

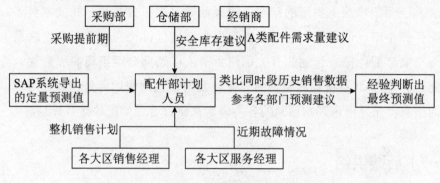

图 7-3　QCM 公司配件需求预测流程图

SAP 系统导出的具体数值将作为最终定性预测时的一个重要参考因素。SAP 系统中有名为 Forecast 的预测功能，其本质是根据过去的物料消耗值来推算未来的物料消耗值。比如在配件销售方面，过去的物料消耗值就是以往各个阶段各类配件的实际销售数据。在这种情况下，无须在系统中输入物料的预期需求，系统就会根据物料历史消耗数据，自动推算出未来的物料需求。但需求预测的实现需要预先调整大量复杂的先决条件，使得功能运用受限，极少有企业能将预测过程中出现的种种复杂情况与深奥的参数进行量化与固化。

尽管预测模型能在一定程度上解决物料未来需求值的问题，但如果模型选择不恰当，再丰富的物料历史消耗数据都是没有意义的。配件部相关人员考虑到 QCM 公司的农机配件销售具有很强的季节性，预测模型多采取通用含季节因子的指数平滑模型。在配件的实际需求预测中，首先会参照 SAP 系统自动导出的预测值，但是由于 SAP 系统对不同需求特征（如季节性需求配件、全年需求平稳的配件、难以定量预测的配件）的配件不区分预测模型，相关人员进行计算时常出现 SAP 系统导出的预测值与实际值偏差过大的问题。

第五节　重协同，通盘考虑

2018 年 6 月 28 日，距离上次会议已经过去了两周的时间，针对近来 SAP 系统预测模块上出现的问题，阿莱西奥召集了公司的一线技术员工，包括配件部小李、销售部小赵、仓储部小张等进行讨论。阿莱西奥也联系了几个参与制订配件储备计划的有关部门负责人以及部分经销商参加会议。会议主要内容是 SAP 系统预测模块的讨论以及定性预测中如何处理和利用难以量化的信息，充分考虑影响预测的各类因素来制订合理的配件储备计划。

（一）后端供给

首先是几个一线人员对于 SAP 系统的讨论。

配件部小李说："就像经理罗伯特所说，近年来，很多不同类型配件的市场需求趋势发生变动，还利用原先匹配的模型来预测肯定偏差会变大，模型需不需要改变，或是不更换数学模型，仅重新设定其内置参数，这些都是要考虑的。"

"没这么容易吧。"仓储部小张首先表明了自己的态度，"配件的需求来源多样，其销售特征复杂，对于参数的设定也需要我们深入学习和反复实践，而且有些配件的市场需求的变化很大，先前的模型就不适用了，得重新调整参数或更换模型。"

配件部小赵思忖后说："配件的需求确实来源多样，但有些配件需求特征是有共性的，可以划分归类。咱们在使用 SAP 系统进行预测时，对预测模型与不同配件需求特征之间的匹配一直不够重视，我希望咱们能基于配件需求特征对配件进行统计分类，分别匹配出更适合的模型。"

销售部小张说："同意小赵的建议，像种盘、刀片、耙齿、监控器，为季节性需求配件，主要集中在春播作业期间使用，4—5 月的需求较大。而轴承、密封圈、螺栓、螺母等需求平稳，每个月的需求变化不大。还有一些比如机架、大梁等一般不会损坏的配件，需求难以预测。"

配件部小李说："我认为除了小张说的那三种类型的配件以外，对于一些易损配件，故障率和使用的时间长短应该也存在着特定的数学模型上的联系，如果能找到合适的模型拟合，做好该类配件的储备，会有效减少客户的抱怨。"

SAP 系统中导出的定量预测数值将作为最终预测参考的重要因素，除此之外，最终定性预测还要考虑其他多种因素。从公司内部来说，由于公司自制的销售配件的生产模式为 MTS-MTO 混合生产模式，公司需求预测由配件部负责，仓储部和采购部参与每个阶段配件储备计划的制订工作。除配件部、采购部、仓储部外，阿莱西奥还联系了销售部的各区域销售经理、负责售后使用指导的负责人以及经销商等参与了会议。

会议继续进行，各部门进行了热烈讨论。采购部经理弗兰克首先叙述了采购提前期的设定是一个重要的预测时需要考虑的因素，他说："根据配件存储计划，采购部会制订采购计划，而在新阶段的实际采购工作中，存在大大小小的采购风险，比如供应商群体产能下降导致供应不及时、货物不符合订单要求等，采购流程复杂且不可控因素多，这些情况都会影响采购预期目标的实现。"他转头面向配件部经理接着说，"而配件部的需求预测计划中往往没有意识到这些风险的存在，一旦这些风险来临，我们来不及做到配件或原材料的供应，就可能会造成生产和销售的延迟，往往因此受到诘责，所以我想说，希望能把一些配件的预测提前期延长，让我们能有时间处理一些风险事件。"

（二）前端销售

QCM 公司配件的销售业务由经销商负责，经销商处于市场一线，他们对某种配件的需求预测参考价值很高，公司要求经销商定期反馈他们的需求预测作为定性预测时的重要参考。而在会议上经销商也提出了他们进行预测时，由于没有该地区配件销售的历史需求量或其他的可替代配件，导致预测偏差总体较大的问题。

经销商 A 的负责人说："农机产品本身的特点也是影响配件定性预测的因素，在农机整机产品生命周期的不同阶段，其相关配件的需求量也是不同的。比如公司大多数播种机的使用寿命只有两三年，那么在农机快接近使用寿命年限时，其故障率、损坏率会升高，一定程度上相应配件的需求量也会上升，所以我建议公司能够共享相关资料，如果我们能知道一些农机整机的产品特点，我们预测的准确度会大大提高。"

QCM 公司的服务部门会定期回访购买农机的客户，结合农机的故障情况和农机用户的反馈，对一些常用配件、易损配件进行预测。但是配件部人员发现，服务人员提出的预测值往往比实际值要大，对此在会议上提出了建议，这也将作为配件部预测人员进行定性预测的重要参考。

"主要是考虑到农民用户因为配件供应不及时，农机整机无法及时修复，影响了作物收成，甚至这一年的经济收入，所以为保证公司的品牌形象，我们的建议增加一些配件的存储。"销售部经理米奇说道。

此外，公司在销售淡季和旺季都会进行很多促销活动，特别是一些新产品的促销活动，这对下一阶段市场需求变化的影响是很明显的。这些促销品的需求预测，一般是根据以往相似的促销产品的销售情况和经销商基于市场运营经验做充分的参考分析。而新产品的预测，往往由总部根据其他国家市场的销售经验来提供建议。

销售部经理米奇说："我们可以根据总部的建议，甄别保留与中国市场情况类似国家的配件销售情况，比如如果该国在某一区域也种植着规模相近的农作物，那么该市场的秸秆粉碎机、真空精密播种机、谷物条播机的历史销售数据就可以作为参照。一些受国家经济水平、农作物种类影响较大的需求因素就不用参照。此外，与新产品配件类型或功能相近的农机配件的销售情况也可以作为参考。"

除上述因素外，配件成本价格也是影响需求预测的重要因素，采购成本、运营管理成本和库存成本的变化将影响配件的市场销售价格，进而导致配件需求的变化。而由于农机市场的特殊性，国家政策、区域经济农作物的改变甚至天气变化等一些因素都可能改变农机销售市场以及农机配件销售市场的需求趋势，而且同种配件的需求量在不同的销售区域也会不同。

销售部经理米奇就此话题接着说："农机的销售生产受国家政策的影响很大，比如 2017 年国家进一步加大对粮、棉、油、糖和饲草料生产全程机械化所需机具的补贴力度，使得这类农机的相关配件的需求量在一段时间内有所上升，这些配件可能就要多储备。据经销商反映，随着禁止焚烧秸秆政策的出台，打捆机销量惨淡，这就说明打捆机配件的需求也会减少。"

中国西北区服务经理说道："在不同地域，就算是同种农机类型的同种配件，其需求特点也有所不同。比如旋耕机的刀片，其属于旋耕机配件中的易损快消品类，该配件理论使用寿命在 6~7 个月，但是在西北部地区新疆一带，因土壤普遍沙化、质地偏粗，旋耕机的刀片更易磨损，2~3 个月就需要更换。"

配件部经理罗伯特说："除了不同地域特点以外，配件的需求来源与整机的销售量有关，所以农机整机的市场保有率也是影响需求预测的重要因素。同样，配件本身的可替代性、竞品动态也是需要考虑的因素。"

阿莱西奥仔细记录了大家提到的各类影响需求预测因素的关键词，并把关键词投影到大屏幕上，让大家对多重影响因素做先后次序讨论，最后整理出一张各种影响配件需求预测因素优先级图示（见图 7-4），越靠里，优先级越高。

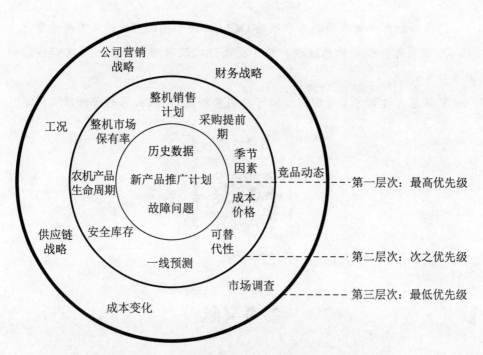

图 7-4　QCM 公司各种影响配件需求预测因素优先级图示

第六节 尾 声

QCM 公司负责人阿莱西奥深知，需求预测的方法并不是一成不变的，特别是影响配件需求的因素有很多，所以在做需求预测时，要根据需求的实际情况，对预测误差进行监控，根据误差不断修正预测方法模型。面对需求波动的市场和公司利润最大化的压力，QCM 公司各部门应如何协同预测配件的需求？在定量和定性的双重挑战下，公司又应如何提升产品配件需求预测的准确性呢？

面对需求预测优化、流程优化，QCM 公司究竟会何去何从？

启发思考题

1. 试分析配件需求预测不准确对 QCM 公司供应链可能造成哪些危害。

2. 如果你是公司的总经理，为了提高预测的准确率，应该考虑哪些影响因素？

3. 请思考什么定量预测的方法可以用来解决 QCM 公司的配件供应问题？

教学视频

参考文献

[1] 程国平. 生产运作管理 [M]. 北京：人民邮电出版社，2017.

[2] 吴庚奇，等. 多价值链视角下基于深度学习算法的制造企业产品需求预测 [J]. 科学技术与工程，2021，21（31）：13413-13420.

[3]　张亚群，张纪会.供应链中需求预测分析比较 [C]//.2006 中国控制与决策学术年会论文集.2006：1006-1009.

[4]　王文隆，王成军.基于竞争型制造商创新投入的零售商需求预测信息共享研究 [J].中国管理科学，2020，28（08）：127-138.

[5]　陈峰.大数据需求预测对供应链长鞭博弈影响研究 [J].经营与管理，2020（01）：118-123.

[6]　Zougagh Nisrine，Charkaoui Abdelkabir，Echchatbi Abdelwahed. Prediction Models of Demand in Supply Chain[J]. Procedia Computer Science，2020，177.

[7]　Mahya Seyedan，Fereshteh Mafakheri. Predictive Big Data Analytics for Supply Chain Demand Forecasting：Methods，Applications，and Research Opportunities[J]. Journal of Big Data，2020，7（1）.

[8]　Sehoon Park. An Analysis on the Effect of Demand Forecasting Accuracy on Supply Chain Performance Using System Dynamics[J]. Korean System Dynamics Review，2018，18（3）.

[9]　Koussaila Hamiche，Hassane Abouaïssa，Gilles Goncalves，Tienté Hsu. A Robust and Easy Approach for Demand Forecasting in Supply Chains[J]. IFAC Papers On Line，2018，51（11）.

[10]　Erik Hofmann，Emanuel Rutschmann. Big Data Analytics and Demand Forecasting in Supply Chains：A Conceptual Analysis[J]. The International Journal of Logistics Management，2018，29（2）.

第三部分

结 构 张 力

第八章

众人拾柴火焰高：幸运者咖啡
工作室团队的招募密码

　　"以高品质和低价格为高校学生们带来新的日常
饮品——精品咖啡；同时在高校内推广和普及精品咖
啡文化，促使学生成为咖啡产业最新鲜的血液和最活
跃的生命力；通过系统、专业、国际化标准的咖啡培训，
提升学生及咖啡爱好者、咖啡从业者的咖啡专业度和
资质水平"是幸运者咖啡工作室刚创业时就确立的宗
旨，在创业实践的第三年，他们也确确实实将这一宗
旨稳扎稳打地"落地"。得益于优质的师资、技术和
对市场机会的敏感识别，幸运者咖啡在短短几年的时
间里迅速成长，不仅开设了自己的店铺、工厂，还成
为青岛市内30余家咖啡店烘焙咖啡豆的供应商。

　　从"三人一店"到"六人三店"，幸运者咖啡工
作室的迅速发展，除了得益于徐坤、于栋犇、张文娇
三人的资质和努力，更离不开三人在员工的选聘、培训、
任用等方面的智慧。

▶　▶　第一节　初创幸运者
——"三人一店"

　　在组队创业前，徐坤、于栋犇、张文娇是青岛市
规模最大的精品咖啡店——安琳咖啡的员工，张文娇
是咖啡文化院的资深咖啡培训师，徐坤是烘焙工厂年

轻且实力颇强的咖啡烘焙师，于栋垒则是精品店的招牌咖啡冲煮师。出色的业务能力使三人在 2015 年被选为安琳代表组队参加世界咖啡师大赛（以下简称 WBC），从此三人结缘。

由于老东家安琳咖啡在人才培养上的"霸道"政策——重点培养新招录的员工，三人即使有争夺全国总冠军的实力，公司高层也拒绝让其参加 2016 年的 WBC 大赛。WBC 不仅为全世界的咖啡师提供了表演、竞技和交流的平台，更是一个促使咖啡师进阶、探索的机会。失去此次机会的三人也因此认识到，以他们现在的水平，如果继续留在安琳咖啡店里工作，自己将难以成长，想要不断挑战自己，要么获取公司的支持，要么自己创业。

最终三人先后从安琳咖啡辞职。经过几个月的忙碌，2017 年 3 月，一家开设在大学校园里的咖啡店初具雏形，这家咖啡店名为"幸运者咖啡工作室"（见图 8-1）。

图 8-1　幸运者咖啡工作室（大学路店）

▶ ▶ 第二节 团队扩招——"五人两店"

创业之初，业务量不多，但基于每人不同的特长，三人设定了明确的分工：徐坤主要负责烘焙咖啡豆，张文娇主要负责咖啡师培训，于栋垒主要负责门店运营。三人各司其职，工作又有所交叉。

扩展阅读8-1

培训内容

通过幸运者咖啡工作室在校园和社会中不断累积的影响力，三人开始尝试搭建"烘焙—售卖—培训"的业务链。2017年6月，幸运者咖啡工作室在青岛市崂山区龙海明珠小区开了第一家培训教室（见图8-2）。为最大化发挥培训教室的使用价值，张文娇设置了颇为密集的课程，几乎一周有四天的时间都在进行咖啡师培训。

图 8-2 幸运者咖啡工作室龙海明珠培训教室

为使大家更好地各司其职，创造更大的价值，三人决定邀请于栋垒的徒弟——刚从其他咖啡店辞职、在烘焙咖啡方面比较有资质的陈国平来幸运者咖啡工作室任职，这也是幸运者咖啡工作室招聘的第一位正式员工。

陈国平的加入，缓和了店面运营的压力。与此同时，幸运者咖啡工作室的业务也在不断拓展：2018年6月，以加盟的形式在青岛银行大楼开设了第二家店（见图8-3），其间还开设了咖啡系列培训课程，在青岛市中心聋校授课，进行便携式产品的研发……

业务线不断扩张，订单越来越多，需要协调和操控的事务让三人越来越忙，陪伴家人的时间也越来越少。"如果没有后方的支持，事业很难往前走。"于栋垒说，"很感谢我的家人，创业之后我几乎没有操心过家里的事，家人全心全意支持我，给了我很好的精神支持。"虽然张文娇和徐坤目前还没有组建家庭，但是两人的父母对他们的事业也很关注。创业伊始，没有库房存

图 8-3　幸运者咖啡工作室（青岛银行店）

放咖啡豆，张文娇的父亲主动让出了自家的仓库，让他们存放设备和原料。三人一致觉得，做好"幸运者"是对自己和家人最好的交代。但订单量的激增和几乎每周都有的培训课程，使他们觉得即使三人搭上所有的时间也不可能兼顾所有的事情。他们担心，强撑着运营会导致顾客的体验感下降。如何协调精力和时间，尽最大可能保持用户的黏性、发展更多的新用户，成了他们必须重视的问题。

对于怎样选择新员工，于栋华认为："'幸运者'有自己的教育体系。一方面，我们希望招聘的员工是一张白纸，我们更想用自己的教育体系来培养自己的员工；另一方面，我们希望员工具备善于沟通、做事仔细的特质。"至于对员工未来发展路径的想法，于栋华说："我希望我们公司的员工都能有更好的发展，留在工作室，我们会根据其性格、能力，给予最大的尊重和最精准的培养，即便员工选择离职创业，我们也大力支持。"

牟星雪，就是通过幸运者咖啡工作室的初级咖啡师"理论＋实践"课程培养出来的咖啡师。她于2018年5月加入幸运者咖啡工作室，经过一年的培训，已经可以独当一面负责青岛银行店的日常运营。

牟星雪本来是幼儿园老师，因为自己想开咖啡店，于是找到了当时正在招聘人员的幸运者咖啡工作室。三人一致看中了她开朗的性格，虽然牟星雪没有深入了解过咖啡，但是她对做咖啡师的兴趣很浓厚，有一种踏实肯干的精神。

经过为期一周的初级咖啡师课程培训，牟星雪对咖啡有了初步的了解，但还不能很熟练地面对顾客。于是，于栋华与牟星雪一起坐店并手把手地教她，从一开始的磨豆子、萃取咖啡这些简单的工作，到如何向客人介绍不同的咖啡豆，每种咖啡豆有什么样的味道，如何给顾客推荐适合的咖啡……

勤奋好学的牟星雪不放弃任何学习的机会。有顾客的时候她便忙着做咖啡，积极向于栋华学习手艺和经验；没有顾客的时候她也不闲着，清洗咖啡机、擦咖啡杯、整理吧台。经过一步步学习，现在的牟星雪已经可以单独看店，成了工作室运营环节的骨干力量。三位创始人也收到过很多老顾客对牟星雪的评价——没找错人。

而对于陈国平和牟星雪来说，不仅是幸运者咖啡工作室没有选错自己，自己也没有选错"幸运者"，二人实现了当时的诺言：为幸运者咖啡工作室创造源源不断的价值。

对于员工的管理，幸运者咖啡工作室对员工投入了极大的信任，在员工能够独立承担门店业务之后就把门店交给员工运营，让员工具有主人翁精神，这在潜移默化中让团队紧紧地拧成了一股绳。渐渐地，大学店和青岛银行店交由陈国平和牟星雪负责，三位创造人的工作重心从店铺上抽离出来。对于陈国平和牟星雪而言，在"幸运者"工作不仅能做员工，更能体会到"老板"的职责。

加入幸运者咖啡工作室之后，牟星雪体会到了开店的酸甜苦辣咸："以前在大学店还好，学生们的问题很少，来到青岛银行店后，顾客问的问题特别细致。比如我们开设微店后，顾客对微店平台的优惠券有很多疑惑，但其实这些优惠券都是微店平台发的，应用范围很小，有些顾客就会一遍一遍地问我们，我们就一遍一遍地解释，这个时候就还挺考验耐心的。不过，不管遇到什么问题，老师们都愿意和我沟通，帮我解决，我感受到了自己的价值，也感受到了幸运者咖啡工作室给予我的源源不断的力量。这里有和善的老板和亲切的顾客，我在这里交到了很多朋友。每天都有简简单单的问候，还是很幸福的。在这里能够跟着很厉害的老师学习制作咖啡，而且工作氛围很轻松。虽然自己想开一家咖啡店，但是看到三位创始人创业的艰难、现在想转型的问题，自己还想陪着幸运者咖啡工作室多往未来走一走。"

▶ 第三节　核心成员重组——"六人三店"

（一）寻找新市场

2018 年 4 月，大学店、青岛银行店稳步发展，客户基本固定，每个人在自己的岗位上都做得得心应手时，徐坤、于栋垒、张文娇三人在烘焙教室讨论着下一步的发展。

"最近在培训和门店方面，我们都进行得很顺利，小雪和小陈的加入着实让我轻松了不少，这段时间我把精力主要放在了淘宝店的开设和发展上。

有目共睹的是，我们淘宝店的销量一直上不去，我对比了线上、线下的运营，发现顾客的线下体验更突出，哪怕我们没有很强的销售优势，但是我们的发展潜力顾客是可以看得见的。但是在线上，我们怎么吸引顾客呢？我们不是'网红'，没有庞大的粉丝团，而且我们也不像雀巢那种大公司，能通过巨大的广告投入获得知名度。"于栋垡运营了一段的时间淘宝店铺后十分发愁地说。

"但是，一开始我们只是想把大学店开好，不断提升自己，后来我们又开了青岛银行店，培训做得也很好，店铺生意也越来越好，为什么要突然着急发展线上业务呢？况且线上也不好干啊！为什么不全力发展门店呢？"张文娇问于栋垡。

"话是这样说，我这段时间也分析了我们发展的现状，店铺销量也都还不错，但是我们目前最大的收益来源是卖豆子和做培训，主要客户是青岛本地的咖啡店，还有三十几家全国的咖啡店，对于全国性市场来说，我们现在的市场实在是太小了。"徐坤给张文娇解释道。

"对，就是这个情况，如果故步自封的话，我们不需要淘宝店也会发展起来，但过程太慢了，要想让幸运者咖啡工作室有更大的提升，必须发展线上业务。"于栋垡沉稳地提出想法。

"怎么发展线上业务呢？我们三个都不懂线上业务，这又该怎么办呢？"张文娇接着问。

"招人。其实今天我们的主题就是考虑一下招人的要求，看看有没有合适的人选。"于栋垡回答道。

"招人，那这个人需要懂线上业务，最好也会设计，能把我们店铺的首页修改一下。"徐坤一边想一边说。

"最好也有人脉吧。"张文娇补充道。

"我就不卖关子了，我心里已经有人选了——山姆。"于栋垡说。

徐坤和张文娇有些迟疑，虽然山姆十分符合他们的要求，他的到来不仅会让幸运者咖啡工作室的线上业务焕然一新，线下发展也会有所提高，但是山姆就职于大型咖啡店金米兰，多次成功策划大型活动，优势这么突出的他会加入"幸运者"吗？

看到两人的迟疑，于栋牟说："先约山姆谈一谈。"

（二）山姆的加入

次日，三人就约了山姆讨论合作。

由于与山姆已经认识很久了，于栋牟没有转弯抹角，直接切入主题道："山姆，你也知道我们三个人辞职创业两年多了，幸运者咖啡工作室的发展你也很了解。"于栋牟接着说道，"上个月，我们装修了新工厂，估计下月末就能投入运营。这次我们'盘'下的工厂有300平方米左右。一方面，我们想把培训基地迁过来，集中人力，也省得像原来一样市北、崂山两头奔波；另一方面，我们也看到了现在的形势，线上的销售业务必须马上提上日程，小陈、小雪分别都有了自己负责的领域，我们三个人也很难再分出神来忙活线上的业务。所以，作为朋友、作为创始人，我真诚地邀请你，加入我们，和我们一起做大做强。"

"谢谢你的信任，老于。咱们几个都认识这么久了，我也算是幸运者咖啡工作室的老顾客，常来买你们烘焙的咖啡豆，但是你考虑过没有，虽然我在咖啡行业工作，但我都是做资源整合、销售类的事务，我没有咖啡师的资质证书，这对你们来说不应该是一个很大的问题吗？此外，线上业务也很复杂。你怎么这么着急发展线上业务？"山姆有些疑惑。

"你说的我都明白，不过对于线上销售、设计资源整合，我们也是门外汉，而且我们研究了线上的问题，线上和线下差异太大了。就这么说吧，我们的资质面对线上、面对屏幕前的消费者根本不管用。再者说我们有技术，你不仅懂销售、懂设计，还有人脉，我们双方不正好互补吗？"张文娇说。

"说实话，从开店到现在，其实我们最大的收益来源就是卖豆子和做培训，虽然我们在青岛及周边都有了销售业务，但是比起全国性市场来说，我们扩展的市场简直是九牛一毛。发展线上业务，不仅是想开拓全国市场，也是想把我们的开店理念践行下去，我们想让更多的人喝性价比高的精品咖啡。因此，不管从哪方面来看，线上都是要重视的方向。"徐坤补充道。

"电商兴起的大势早就开始了，我们对比全行业来说已经起步很晚了。这种情况下，我们要发展，就必须找一个专业的人来和我们一起做线上业务，无疑，你是我们的最佳人选。"于栋垈对山姆的加入有很大的期待。

山姆渐渐地被说动了，但是线上业务对他来说也算是新任务，难免有些疑问："你们现在的线上业务进行到什么程度了？预计有多少销量？有没有计算过相关的数据？"

扩展阅读8-3

XYZ读书日记

"我们目前开了淘宝店，但是粉丝数量很少。我们的公众号上除了一些有关品牌文化的咖啡故事以外，也会定期出新品预告。不过，目前的客户还是老客户，怎么寻找新的客户是我们很发愁的问题，这也是我们着急线上发展，想把你'挖'过来的原因。"徐坤回答道。

"通过线上来发展新客户是目前很普遍的做法，想要找到新客户，就必须有足够的吸引力和曝光度。除了做好淘宝店铺的设计、增加产品的丰富度，以便发掘新的不同消费程度的消费者外，与媒体合作、参加全国性展会等来发掘圈内的合作伙伴、消费者，也是增加曝光度的重要途径。"面对徐坤的问题，山姆认真地说道。

其实对山姆来说，自己在大型咖啡公司工作，在营销方面自己是专业的，但是突然加入一个刚刚创立的公司，肯定没有做现在的工作来的顺手，自己的做事风格能不能适应新的公司呢？面对山姆的犹豫，三人直接摆出了诚意——让山姆入股。

几天后，山姆以核心成员的身份加入"幸运者"，享受除门店和培训外的其他所有项目的分红，自此幸运者咖啡工作室从最初的"三人一店"成长到"六人三店"。（见表8-1）

表8-1 幸运者咖啡工作室团队主要成员简况

姓名	性别	年龄	教育背景	工作背景	技能、经验优势	职责变化	性格特征
于栋垈	男	34岁	本科	曾任安琳咖啡店咖啡师	咖啡冲煮	门店运营↓工厂运营	外向、健谈
徐坤	女	30岁	本科	曾任安琳咖啡店咖啡烘焙师	咖啡烘焙	咖啡烘焙	安静、沉稳

续表

姓名	性别	年龄	教育背景	工作背景	技能、经验优势	职责变化	性格特征
张文娇	女	32岁	本科	曾任安琳咖啡店咖啡培训师	咖啡培训	咖啡培训	理智、沉稳
山姆	男	36岁	本科	曾在金米兰等公司从事资源整合、销售业务	资源整合、设计、销售	线上规划、设计工作	细致、缜密
牟星雪	女	24岁	本科	曾是幼儿教师，后转行加入幸运者咖啡工作室	善于与人沟通	大学店运营 ↓ 青岛银行店运营	开朗
陈国平	男	31岁	本科	曾师从某咖啡店的咖啡师	咖啡烘焙	大学店运营 咖啡烘焙	安静、默默做事

资料来源：作者根据幸运者咖啡工作室相关资料整理而成。

　　山姆加入"幸运者"之后接手了于栋垡兼管的淘宝店铺运营工作。山姆首先分析了线上的问题，主要有：一是幸运者咖啡工作室的线上竞争力不强，和幸运者咖啡工作室一样卖豆子的店铺有几百家，竞争激烈；二是行业乱象，很多没有资质做咖啡豆销售的店铺通过租用资质进行不公平竞争；三是幸运者咖啡工作室起步晚，很难做成线上"独角兽"店铺。

　　在分析完问题之后，山姆重新设计了店铺页面，并且担当客服，全力运营线上店铺。并且山姆认为，目前想让幸运者咖啡工作室在线上突出重围，一方面，需要四人本身的流量带动，积极与同行业者交流，通过媒体进一步吸引青岛本地甚至全国的注意力；另一方面，需要不断曝光和更新产品，形成新的卖点，吸引消费者。

　　为了配合线上店铺的发展，幸运者咖啡工作室于2019年1月在原青岛食品罐头厂开设了自己的工厂，同时于栋垡、徐坤、张文娇也在不断研究新的产品，比如冷萃包、意式拼配、季节限定等，以积极配合山姆对线上的规划（见图8-4）。

图 8-4　山姆对淘宝店的全新设计

（三）国际咖啡烘焙展

2019 年 9 月 25 日，幸运者咖啡工作室参加了青岛国际咖啡烘焙展，这是幸运者咖啡工作室第一次带着自己的产品参加展会，他们这次的主要任务就是宣传自己的品牌、挖掘新的客户群。针对此次展会，几个人做了明确的分工：徐坤负责烘焙展会所需的咖啡豆，山姆负责展会摊位的整体设计，于栋举负责整体把控，牟星雪留在青岛银行店看店，陈国平负责工厂生产（展会期间张文娇出差讲课）。

幸运者咖啡工作室的摊位在众多展位中显得很"低调"，选用了透明色、米白色、黑色为主色调（见图 8-5）。山姆说："由于这次展会上品牌宣传是主要任务，咖啡包装袋和手提袋都是透明的，以便顾客能更好地看到我们的产品，米白色的墙面配上黑色的字体，会让消费者更好地了解我们的品牌，不会因为复杂的装饰而忽视品牌本身。"

图 8-5 幸运者咖啡工作室在青岛国际咖啡烘焙展上的摊位及产品

展会开始之后，看起来"格格不入"的幸运者咖啡工作室却得到了很多消费者的喜爱，于栋垒在朋友圈里写道："感谢今天来看我们的每一位朋友！也要对下午两点以后来的朋友说声'抱歉'，我们低估了自己的销售能力，准备卖三天的产品，两点就全部卖光了。我脑海中浮现的画面是坤哥趾高气扬地对我说：'100包还不够你卖吗？'工厂已经在加班加点补货了，会展中心三号馆3D168，咱们明天继续见！"（见图 8-6）

图 8-6 幸运者咖啡工作室为咖啡展加班烘焙

徐坤说："没想到这次展会的效果这么好，每次对着消费者说'今天的豆子卖完了，可以扫一下二维码，在淘宝下单'，就十分开心。"

这次展会的圆满收官给了四人更大的动力，不仅拓展了业务，也证实了核心成员从三人到四人的决策是正确的。

第四节　未来与问题

从 2017 年创业开始，两年间幸运者咖啡工作室不断吸收新人，不断拓展新的业务，在稳步中前行。2010 年电商迅猛发展，但"幸运者"在线上店铺的发展上起步较晚，在这种情况下，山姆的加入能给"幸运者"带来多大的价值呢？

2019 年 7 月 27 日，幸运者咖啡工作室大学店应学校整改要求不得不关闭。四位核心成员经过讨论之后，决定暂时不开设新的店铺，而是把工作重心放到线上销售和培训业务上。然而，咖啡行业的门槛低，行业竞争激烈，下一步，幸运者咖啡工作室将如何发展自己的新市场新业务呢？团队又如何根据新的业务招募合适的员工呢？离开了学校，工作室又应该去哪里寻找低成本、高效益的营业点呢？团队如何保持创业初心，又将如何借力发力呢？

扩展阅读8-4

新店落地

启发思考题

1. 幸运者咖啡工作室是如何为团队收纳合适的人的，又是如何制订培养计划，顺应人才发展路径的？

2. 从幸运者咖啡工作室及其三位创始人的角度分析应对团队核心成员发放高工资还是股利分红。

3. 对于幸运者咖啡工作室来说，如何准确定位新人职能、做出正确的决策，让初创企业真正做到"众人拾柴火焰高"呢？

教学视频

参考文献

[1] [美]戴维·沃尔里奇.人力资源教程[M].刘磊译.北京:新华出版社,2000.

[2] Horgan G W, Scalco A, Craig T, et al. Social, Temporal and Situational Influences on Meat Consumption in the UK Population[J]. Appetite, 2019, 138: 1-9.

[3] Chow I H, Huang J C, Liu S. Strategic HRM in China: Configurations and Competitive Advantage[J]. Human Resource Management, 2008, 47 (4): 687-706.

[4] Human Resource Management Talent Cultivation under the Background of Artificial Intelligence[C]//.Proceedings of 2019 9th International Conference on Management, Education and Information (MEICI 2019).Francis Academic Press, 2019: 308-312.

[5] 李锐.胜任力模型在绩效管理中的应用[J].人才开发,2006(09):13-14.

[6] [英]约翰·瑞文.现代社会胜任工作的能力——能力的鉴别、发展和发挥[M].钱兰英等,译.厦门:厦门大学出版社,1995.

[7] 王重鸣.劳动人事心理学[M].杭州:浙江教育出版社,1988.

[8] 徐斌,吕梁.基于"i-Spark"模型的新员工创新素质测评实证研究[J].中国人力资源开发,2016(06):55-62.

[9] [美]雷蒙德·A.诺伊,等.人力资源管理:赢得竞争优势(第三版)[M].刘昕译.北京:中国人民大学出版社,2001.

[10] Anne Tryba, Denise Fletcher. How Shared Pre-start-up Moments of Transition and Cognitions Contextualize Effectual and Causal Decisions in Entrepreneurial Teams[J]. Small Business Economics: An Entrepreneurship Journal, 2020, 54 (4).

第九章

新旧制度交替难：CY 制衣厂的职工管理困境

2020 年新冠肺炎疫情的突然来袭令中国的中小企业措手不及，位于山东省枣庄市的 CY 制衣厂就是其中之一。2020 年 2 月 21 日 CY 制衣厂的复工复产申请得到了批准，但受疫情的影响，许多外地的工人无法按时到岗，因此 CY 制衣厂先召集了枣庄本地的工人开启了本年第一批成衣的生产制作工作。尽管已经开工，但作为制衣厂创始人兼总经理的李强一直愁眉不展。本该 2 月 1 日交货的春装订单，虽然经过与订货商的反复协商终于将交货日期推迟到了 3 月 15 日，但以目前枣庄本地工人的生产速度仍难以按时交货，订单的违约问题以及未来可能面临的法律诉讼，让李强坐立难安。如何快速提高制衣厂的生产效率？巨大的用工缺口如何解决？这批订单最终能否按时完工？疫情下 CY 制衣厂的未来该往何处去？

▶ ▶ 第一节 背 景 简 介

李强于 1984 年出生在山东省枣庄市的一个普通农民家庭。2005 年毕业于北京科技职业学院 ① 的他并没

---

① 北京科技职业学院，创建于1997年，是一所全日制综合性民办普通高等职业院校。

有进入当地的公司就职，而是选择回到家乡枣庄自主创业。当时毕业以后，李强的同学们几乎都选择了在大城市打拼，极少有人选择回乡创业。他曾经也想留在大城市，但毕业前一次去往广东东莞打工的经历使他改变了想法，选择回到家乡自主创业。

2004 年寒假，李强的一位叔叔准备春节后去广东东莞的服装厂打工，因为年后正是服装制造业的旺季，用工量大，工厂给的报酬也会相对高一些。家庭聚餐上叔叔问李强愿不愿意一起去南方看看。李强从小就喜欢新鲜事物，一听叔叔说可以去广东打工便满心欢喜。回家征得父母的同意后，李强便和叔叔一起来到了广东东莞的一家制衣厂做工。制衣厂加工服装一般包括八个基本工序：布料物料进厂检验、排料、裁剪、缝制、锁眼钉扣、整烫、成衣检验以及包装入库。李强主要参与最后的包装入库环节。而除了包装工序，其余的工序大多由女性工人来完成。经过一两周的了解，李强发现工厂的女工来自天南海北，甚至还有几位是自己的枣庄老乡。她们不远千里来到东莞谋生，都是为了家庭的生计，这里的制衣厂给的工资比枣庄高出近 50%，生产技术水平也高，大家或多或少都能学到一些新技术和新工艺。

事实上，每年都有大批务工人员从全国各地来到南方的企业打工，而这种"民工潮"在 2001 年又被推上了新的高度。2001 年 12 月中国加入世贸组织，随后中国的纺织产业迅速发展，成了我国的出口领军产业，尤其是在南部沿海一些轻工业较为发达的地区，纺织服装类等企业雨后春笋般遍地开花，东越制衣厂、松鹰制衣厂等大型制衣厂都是那时发展起来的。除了工厂数量大幅度增加之外，服装厂的生产技术水平也在此时得到了飞速提升。此前国内生产车间大多采用的是脚踏式缝纫机，步入 21 世纪后国内一些大型制衣厂开始引进西方先进的生产工艺，包括系统的电子流水线和检验系统。李强在工厂打工的一个月里，每天都会利用休息时间到生产车间看女工操作各种新奇的机器。当时厂子里每天能生产几百件成衣，而据厂里的老人说，过去同等规模的企业每天最多出厂几十件成衣。这也是李强第一次感受到先进生产力带来的震撼。

2004 年 3 月，当李强结束打工回到家乡枣庄时，看到村里仍有大批妇女留守家中，抚养孩子、赡养老人。尽管在外务工的男人们每月都会往家里寄些生活费，但这些钱很难维持一家老小的日常开销，这些家庭的生活依然十分艰难。突然一个念头在李强的脑海里闪过：为什么不能利用自己在东莞打工的经验把制衣厂开到村里呢？村里的妇女大多数都掌握一些基本的女红技巧，如果让她们在家门口上班，不仅能够解决她们的温饱问题，还能带动家乡的经济发展。枣庄市一直是山东省经济落后的城市之一，制衣厂所在地山亭区又是枣庄市财政收入最低的"'财政困难'县"。另外，除了经济发展水平较为落后，枣庄的文化发展水平同样较低，当地劳动力几乎没有受过高等教育的，他们在打工时往往会更关注工资薪酬，像李强这样能够考上大专的人已经是村里数一数二的"高学历"了。综合这些因素，回到家乡的李强萌生了在枣庄创业，提高自己收入的同时，带动村民脱贫致富的想法。虽然枣庄市的经济和文化发展水平较低，但当地的矿产资源十分丰富，市内的交通运输网络也基本完善。尽管枣庄深居内陆，海运贸易不如东莞、上海等沿海城市发达，但它距离青岛港和日照港两大港口并不远，而且全国领先的山东高速公路和铁路建设也能在一定程度上弥补其地理位置上的不足。此外，在山东枣庄建厂的土地成本比广东东莞低很多，农村空闲劳动力的成本也十分低廉，在村里建制衣厂还能省去绝大多数工人的住宿费和伙食费的开支。

2005年3月李强正式开始筹建CY制衣厂（见图9-1）。2006年CY制衣厂建成并投入运营，这是枣庄市山亭区建立的第一个半现代化的服装制造厂。CY制衣厂建成后，李强考虑到成本的因素并没有直接引进南方的生产技术和工艺，CY制衣厂的生产车间大多采用的是脚踏式缝纫机设备。开业伊始，通过附近村民的推荐和村落之间的口口相传，CY制衣厂很快吸引了第一批13名工人的加入，现任财务总监王珍和车间组长张姐就在其中。随后李强先从枣庄周边县市的服装企业入手，拿到相关的设计图纸为服装企业做代工，尝试打通成衣的分销渠道，然后他联络到之前在东莞打工时制衣厂里的老工人帮忙联系购买质地细腻、色彩上成的布料作为原料，最后组织工人进行生产加工，加工完成后将成衣交给供销商销售。起初李强对制衣厂按照南方的布料和本地的图样做出的成衣并没有抱太大的希望，因为他觉得自己的生产工艺和机械设备与南方的企业相比差距太大，无法达到预期的效果。然而，当第一批成衣出厂时，李强却吃了一惊，他没想到自己这十几个工人的手艺如此出色。虽然CY制衣厂仅有简单拼凑起来的机器设备，但是凭借工人们认真仔细的态度和高超的缝纫技巧，也能将衣服制作得十分精致。果然，供销商拿到这批带有南方特色的成衣后没几天就销售一空，他们对 CY 制衣厂的生产工艺和服装质量有了信心。随后李强借此机会进一步扩大生产规模，又陆续完成了几批订单。与此同时，CY 制衣厂也受到了更多人的关注。在接下来的几年时间里，CY 制衣厂围绕着这 13 个手艺精巧的技工，不断吸收新鲜血液，这 13 个技工也很快成为制衣厂的中流砥柱，像张姐就担任了车间组长，而王珍担任了财务总监，其他人有的担任了生产总监，有的负责后勤（见表 9-1、图 9-2）。2006—2010 年，CY 制衣厂的员工规模和利润总额不断扩大，员工规模从 2006 年的 20 人扩大到了 2010 年的 150 余人，利润总额从 2006 年的 10 万元扩大到 2010 年的 60 余万元。

图 9-1 CY 制衣厂生产车间

表 9-1 制衣厂部分高管简介

姓 名	职 务	基 本 背 景
李强	创始人、总经理	毕业于北京科技职业学院，2004 年在广东打工，2005 年创立 CY 制衣厂
王珍	财务总监	毕业于枣庄市职业中等专业学校，2006 年获得财务资格，在 CY 制衣厂担任财务总监
张姐	车间组长	毕业于枣庄市职业中等专业学校，有祖传的缝纫工艺
王红梅	生产总监	毕业于枣庄市职业中等专业学校
戴春花	后勤	

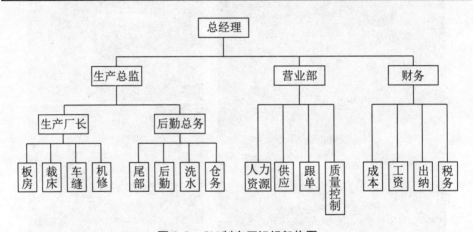

图 9-2 CY 制衣厂组织架构图

事实上，自 2006 年完工并投入运营以来，CY 制衣厂的发展并非顺风顺水。随着销量的增加，市场竞争也越来越激烈，消费者对工艺和品质的要求也不断提高。渐渐地，李强发现越来越多的成衣在市场销售时出现了问题，不断出现退货的情况。通过和骨干人员的讨论，李强发现，一方面，随着制衣厂从最初的 13 人扩张到现在的 150 余人，工人们对制衣厂的归属感越来越弱；另一方面，随着市场竞争的加剧，成衣的制作对更高质量的机器设备的要求提高，对于工人的操作要求也越来越严格。同时，订货商们提供的设计图样也日趋复杂，对成品的完工标准也逐步提高。比如，以往订货商对成衣的边角只要求打磨一遍，而现在他们不仅要求打磨三遍，还需要制衣厂设计其他的花纹，以增强成衣的美感，但现有的机器设备无法满足这样的要求，由此带来当前的成衣销售不尽如人意。此时李强想到了几年前东莞制衣厂带给他的震撼，决定拿出 2006—2010 年净利润总和的三分之一用来购置新设备。这时他又一次联系了东莞制衣厂里的老工人，购置了对方淘汰下来的半成新的流水线和当时最先进的流水线设备。同时为了让工人们熟练操作新购置的设备，每当秋收或年前，李强都会联系附近村里从南方制衣厂回来的高级技工，请她们来讲解机器设备的操作。虽然讲解时间有限，但是也能够解决制衣厂内出现的一些实际问题。经过李强的"多管齐下"，CY 制衣厂的销售情况终于有所改善。

在随后的几年时间里 CY 制衣厂的规模不断扩大，两个分厂相继建成并投入运营，员工总数达到 600 人，利润总额突破 150 万元，同时海外业务也得到了开发。在一次服装展销会上，李强结识了海外服装公司驻中国的代表，CY 制衣厂接收的订单也由国内扩展到了国外，陆续收到了一些国际知名品牌的订单。即使这样，当前 CY 制衣厂仍局限于中间品的加工，难以达到南方先进制衣厂的生产水平。而本该 2020 年 2 月 1 日交货的春装订单（来自一家知名的外商品牌），受疫情影响也推迟至 3 月 15 日。然而部分工人仍因疫情原因而无法回到制衣厂，尤其是一些能够操作最新机器的工人无法到岗。距离 3 月 15 日的交货期越来越近，巨大的用工缺口却依然存在。

第二节　制衣厂的用工模式

其实制衣厂在服装销售旺季出现用工短缺的问题并不鲜见，服装制造厂的生产订单具有明显的周期性，这是行业内普遍存在的现象。在一年 12 个月的生产中，1 月和 2 月是冬春交换的季节，此时服装批发商一般会给服装加工厂下春装服饰的订单，比如各类长袖 T 恤和各款薄款卫衣。而 3 月和 4 月是服装加工行业的忙碌时期，这个时期服装批发商会给服装加工厂下夏装服饰的订单，如各类短袖印花 T 恤衫、衬衫再加上各类女装等。到 5 月和 6 月，这时夏装款式已经基本做完了，整个服装加工行业进入淡季，如果没有外贸订单，这两个月将是服装加工厂最难熬的时期。7 月和 8 月，与 5 月和 6 月情况类似，直到 8 月份后期才会逐渐有秋冬装的服装订单。进入 9 月和 10 月，步入秋冬季节，服装批发商会不断地给服装加工厂下秋冬装的订单，并随着批发量的增加而不断追加订单，但这时依然没有达到服装行业的旺季。直到 11 月和 12 月，加上元旦，是服装销售旺季，服装批发商会抓住机遇给服装加工厂下订单，这是年尾的最后一次冲刺，也是加工厂旺季的开始。

总的来说，在一年的服装加工周期内，一半时间是旺季，两个月是较忙的时期，而另外四个月是淡季。淡季对于服装加工厂来说是一个困难时期。淡季时工厂的用工需求会随着订单数量的锐减而降低，制衣工厂会"养不起"工人，为降低成本，会大幅缩减工人数量或者降低工人工资，为的是"低成本潜伏"等待旺季的到来。而工厂部分工人也会因为工厂淡季赚不到什么钱而辞职，进入有用工需求的其他行业。

相反，旺季时，随着订单数量的增多，制衣厂需要大量的熟练技工与普通工人，每年春节一过完，制衣厂之间常会掀起一场"抢人大战"。对于制衣行业，熟练技工及车间组长虽然处于管理基层，但工作非常重要。订单生产任务的完成最终要落实到缝制小组，车间组长的流水线安排，半成品检验，岗位设置与配合，新员工及临时工培训，对组员进行技术指导、积极性调动和维护队伍稳定等都十分关键。除此之外，由于短时间内需要同步完成多个订单，旺季时制衣厂对普通工人的需求也比平时多出十几倍。

虽然旺季时的用工需求量巨大，但因为李强的制衣厂在当地名气较大，工资待遇也相对较好，因此每当出现类似问题时李强除了会通过提高待遇来吸引熟练工人以外，还会去周边地市雇佣部分临时工人来填补"大空缺"。这些临时工人虽然技术水平较低，基础也比较差，但经过短期培训依然能够完成一些简单的工作，同样能够缓解用工短缺的问题。然而随着疫情的到来，就连这些临时工人也无法正常到岗工作了。

截至 2020 年 2 月 22 号，疫情仍在蔓延，地市之间的人员流动受到极大的影响，对于李强来说，无论是熟练技工还是普通工人目前都存在着巨大的缺口，究竟能否招到新工人，李强的心里也没有底。眼看着交货日期日益临近，李强如热锅上的蚂蚁般坐立难安。

第三节　滞留家乡的高级女工

　　与此同时，在制衣厂二十多公里以外的南庄村里（见图 9-3），一位名叫刘宁的年轻母亲正在小院中陪着两个三岁的孩子玩耍。她面容略显憔悴，衣着朴素简单，虽然只有二十四五的年纪，但是双手早已布满茧子，令人很难想象这是一位年轻女人的双手。她的眼神略带忧郁，却依然宠溺地望着自己的一对儿女，她已经很久没有如此长时间地陪伴着孩子们了。两个孩子刚满周岁时，她便将他们托付给老人抚养，随后便和丈夫一起南下务工，通常一年才回来一次。尽管每次分别时总是十分痛苦，但刘宁知道自己不得不这样做。她在家中排行老三，刚年满 20 岁时家中便为她张罗婚事。刘宁读过几年书，又天生的心灵手巧，因此不愁没有婆家。结婚后不久刘宁就生了一对龙凤胎，

然而四口之家的幸福并没有持续太长的时间。伴随着两个孩子的降生，生活开销迅速增加。过去依靠丈夫在南方工地上的收入勉强能够维持家中的日常花费，但现在这份收入却越发显得单薄。加上 2017 年初婆婆生了场大病，更是将家中为数不多的积蓄耗费殆尽，迫不得已刘宁选择跟丈夫一起前往南方打工养家。

　　经朋友介绍，刘宁来到了南方的一家制衣厂工作。工厂虽然不大，但工艺十分先进，给的工资也高，其间还多次组织工人培训学习。短短几年，刘宁就凭借自己的天赋和努力，熟练掌握了从排料、裁剪到质检包装整套流

图 9-3　CY 制衣厂与南庄村路线图

程所有设备的使用和维修，从而成了工厂里最年轻的车间组长。此间还有不少同乡妇女也跟着刘宁来到南方务工，因大多数人先前都有不错的女红基础，所以都被悉数安排在了刘宁的车间里工作。然而天有不测风云，正当刘宁盘算着以后攒够钱把父母和孩子们接过来时，疫情突然爆发。自从春节回到家乡以后，刘宁每天坐立不安，原先工作的制衣厂已经停产，各省市之间又实行了极为严格的出入管理政策，加上疫情来势汹汹，刘宁思虑再三，最终还

是选择留在家中等候消息。

　　滞留家乡的刘宁终于能有大把的时间陪伴孩子们了，每天晚上看着可爱的儿女在自己怀里睡着，幸福感填满了刘宁的内心。然而每当夜深人静时，刘宁想到自己的处境，心中都会升起难以平复的不安与忧虑。现如今虽被困家中，各种生活开销依然很大，丈夫已经在附近的村子里找了个短工的活，但复工复产的企业依然屈指可数。眼看着家中的柴米油盐又要见底，刘宁终于决定要出去走一走，看看有没有正在招工的企业，希望能够找个活计。

　　接下来两三天刘宁跑遍了方圆十几公里的村镇，几乎没有发现能应聘的岗位，很多企业要么招聘人数有限，要么只招收男工。虽然没能找到工作，但是刘宁遇到了一位主管，这位主管想起自己在朋友圈中看到的一则消息，离南庄村二十多公里的 CY 制衣厂正在急招纺织工人，他觉得刘宁或许可以去试试。刘宁心头一动，她突然想起了两年前，自己准备动身前往南方时曾有人跟她提过这家企业，但当时她一心只想着在南方工作收入高，便没有考虑太多。而现如今对于刘宁来说，这已经是一个难得的机会了。

第四节　生力军的加盟

　　2020 年 2 月 23 日，李强同往常一样早早地来到厂里。刚到工厂的李强连包都没来得及放下就直接前往生产车间查看工人们的工作情况。目前流水线上工作的工人总数已经有 200 余人，但其中有不少零基础的新工人。那些有经验的老工人忙前忙后，加班加点，一边忙手头的工作，一边还需要指导新人。尽管如此，制衣厂的工作效率却未能达到疫情前的一半。眼看着交货日期越来越近，李强扶了扶鼻梁上的眼镜，额头上不自觉沁出了汗珠。

　　回到办公室，李强仰躺在沙发椅上，突然一阵敲门声打断了他的思路。得到他的允许后，一个女人走了进来。看到对方，李强先是一怔，随后出于职业习惯打量了下对方的双手，发现年轻女人的手上有着和车间老工人们一样的茧子。李强瞬间两眼放光，赶忙起身请女人入座。起初，刘宁还有些紧张，但看到李强如此热情，便也放松下来。

　　两人坐定，李强先询问了刘宁以前的工作情况，在得知刘宁曾经也在南方的制衣厂工作，并且年纪轻轻就已经担任了车间组长的职位时，他不由得对刘宁心生赞叹，反观自己现在手下的车间组长都已经快 50 岁了。后来刘宁介绍了她以前的工作以牛仔、针织、丝绸布料为主生产时装，这恰好与 CY 制衣厂眼下亟待交付的订单相吻合。同时，刘宁还提到自己的同乡中还有不少是一起在车间工作过的姐妹，可以试试把大家一块带过来。李强一听喜出望外，连声表示感谢。两人本来相谈甚欢，却在聊到薪酬问题时产生了分歧。刘宁来访前了解到当地制衣厂普遍采用的是旧的薪酬制度（见表 9-2），面对李强时她直接表示自己在南方的制衣厂采用的是新的计件薪酬制度，包括固定工资、浮动薪酬和附加工资。她提出，希望 CY 制衣厂能够以同样的方式计算薪酬。然而李强也有自己的苦衷，CY 制衣厂的劳动力成本已经非常高（占利润总额的 60%），由于疫情延误了交货的日期，年初的应收账款一直无法落实，眼下还要支付工厂内众多工人的工资，手头的流动资金确实无法周转。刘宁也理解这种境况，目前的招工情形令她对 CY 制衣厂能够支付同南方一样的薪酬几乎不抱希望，况且还有很多工厂现在都开不出工资来，CY 制衣厂已经算经营状况很不错的了，但毕竟自己身后还有很多姐妹，她必须顾及团队的利益，团队中很多人的工作技能十分出众，哪怕是在原来的南方制衣厂也是数一数二的，新的计件薪酬制度更能保障她们的利益。刘宁思索再三，向李强提出可以适当降低薪酬标准，但仍坚持采用新的计件薪酬制度来核算。李强并没有立刻给刘宁回复，而是让她先到工厂里转转，转头他把财务总监王珍喊进了办公室。二人商议了许久，最终决定接受刘宁的要求，但要保证眼前的订单能够按时交货，这笔订单的尾款足以支付刘宁团队的薪酬，刘宁也欣然应允。

表 9-2　CY 制衣厂新旧薪酬制度对比

内　容	旧薪酬体系	新薪酬体系
固定工资	管理人员、行政岗位：有 生产员工：无	每人均有：工龄工资、层级工资
浮动薪酬	奖金、绩效（工作数量 × 计件单价）	奖金、绩效（工作数量 × 计件单价） （计件单价降低）
附加工资	无	技能工资、津贴补贴、法定福利

谈妥待遇后两人心情大好，李强见时间还早便带着刘宁参观自己的生产车间。一踏进车间大门，李强就开始介绍生产线上的各种机器设备，刘宁聚精会神地听着。她本以为工厂的设备会比较过时，事实上 CY 制衣厂的很多工艺流程几乎和南方制衣厂一样，生产设备也不相上下。要知道这批设备的成本可着实不低，这让刘宁对李强不由得刮目相看。两人谈笑风生，一派其乐融融的景象。然而，两人都没有注意到的是，在他们身边穿梭往来的工人中有些人的脸上闪过了几丝不一样的神色。

▶ ▶ 第五节　惊人的生产力

刘宁回到家后，联系到了曾经一起外出打工的姐妹，她们都表示愿意去试一试。第二天当刘宁带着二十几人的队伍来到制衣厂时，李强心里虽然早有准备，但还是被吓了一跳。刘宁昨天跟他说起过会联系自己以前一起工作的同事一起过来，李强本以为也就十个人左右，没想到竟然来了这么多人。随后在刘宁的安排下，这些人被分成两组，直接接管了车间内两条流水线。

这两条流水线刚一开工，李强立刻就感受到了不同寻常的气氛。两条流水线都是自动流水线，刘宁将众人划分好了固定的活动区域，工作期间工人之间几乎没有交流，都是按部就班地负责自己区域的组装和缝纫。自动流水线一般采用流水槽和输送带的形式，产品由输送带自动传递，输送带的速度可以自行调节。从前李强的工人常常将速度定在中速，但就算这样也依然会有手忙脚乱的情况出现。然而，刘宁带领众人一上岗就直接将这两条流水线的档位调到最高，即便如此，两侧的工人依然有条不紊地取放零件、拼制成衣。李强又一次目瞪口呆，只见工人们的眼神锁定在眼前的设备上，仅凭余光就能从输送带上准确地拿取零件。整个过程没有人说话，甚至连头也不抬一下，所有人都在以极其高效的方式完成自己的工作。一个小时以后工人进行轮换休息，只见第一批工人离开后，第二批工人立刻上岗，依旧保持着原先的效率，整个过程输送带甚至没有减速，岗位轮换衔接得天衣无缝。

望着眼前这一幕，李强的心情变得十分复杂，他想起了曾经在广东制衣厂打工的经历，当时看着女工们在流水线上工作，感觉效率已经非常高了，于是在创业时就将当时南方的工艺流程完整地照搬了过来。这些年自己的流水线速度一直控制在中档，工人工作时经常来往走动，询问解决问题的方法，还不时地打趣聊天，李强对此一直是睁一只眼闭一只眼，觉得只要最终产品的质量过关，大家这样的工作方式也可以接受。这么多年过去，自己依然觉得这样的流水线已经十分高效了，对比周边的几家制衣厂也的确如此，然而当他看到刘宁所带领的众人在两个流水线上"飞"一般的工作时，他才知道原来自己与最先进的生产力之间的差距已经如此之大了。

第六节　新旧交错的计件制度

3月10日，李强的制衣厂成功完成了订单任务，提前5天将成衣发往经销商手中。有了刘宁团队的加入，原本近一个月才能完成的订单，仅用十几天就基本完工了。经过巡检员的半成品检验以及尾查处的成衣质量检测，刘宁团队将返工率和废品率控制在了极低的水平。此时李强对刘宁所做出的成绩已经不再惊讶，这十几天她们团队给李强带来的冲击是前所未有的。不仅是极高的工作效率，还有每个人严谨的工作态度和标准化的制衣流程，这些都给李强带来了极大的震撼。

刘宁的心里也对这位领导十分感激。这十几天里李强对她们的工作完全信任，尽其所能地为她们提供便利，包括每天有专车接送，中午和原来的工厂一样有免费的午餐和午休时间。尽管整体的薪酬水平低于南方，但从目前的大环境来看这份收入依然可观。

很快一个月过去了，在刘宁团队的帮助下，李强在半个月内就完成了过去一个多月才能完成的订单。海外的经销商不仅惊叹于CY制衣厂在疫情之下的工作效率，更表示：如果日后还有订单需求，将会优先考虑CY制衣厂。到了月末发工资的日子，李强按照之前的约定，按照新的计件薪酬制度付给了刘宁5 200元的工资，团队其他成员的工资为3 500~4 000元，这还不包括附加工资。刘宁团队对这份薪酬很满意，然而有人对此却表现出了极大的不满。

发完工资的第二天早上，李强踏入办公室，舒舒服服地躺在了沙发椅上。

这时一阵急促的敲门声响起，财务总监王珍闪身进了办公室。李强见对方面色慌张，不由得心生疑虑。年近五十的王珍是第一批加入制衣厂的 13 名工人之一，担任财务总监的十几年间兢兢业业，从未出现过如今这般慌张的神色。

"怎么了王姐，神情这么紧张，有什么事情吗？"

"李总，车间的几个老技工今天都没来上班，包括从一开始就跟着您的车间组长张姐，她们今天都没来……"王珍小声地说着。

李强闻言一愣，虽然制衣厂有季节性用工的特点，人员流动性大，但此时依然处于服装制造行业的旺季，每天的工作量仍然很大，这些老技工也不是第一天在厂里工作，像张姐就是最早的那 13 名高级技工之一，她们以前可从未出现过这样的情况。

"有没有联系她们，看看是不是家里有什么事情耽搁了？"

"没有联系上，我早晨来了就一一联系了，她们谁也不接电话，直到刚才有人给我回拨了电话，我听了就赶紧过来向您汇报。"

李强面色凝重起来，很明显这是有组织有预谋的"缺勤"，虽然还不清楚其中的缘由，但如果放任她们离去，手头上的订单肯定会受影响。

"你赶快说说，到底是什么原因？"

王珍望了李强一眼，脸上神情有些复杂，说道："李总，您昨天不是让我支付了刘宁她们每人四五千元的工资吗？"李强点点头，没有说话，只是眼神愈发显得冰冷。

"李总你也知道，咱们厂过去十几年一直采用的是计件工资制度，直接以一定质量的产品数量为计件单位计算工人的劳动报酬，例如之前我们赶制的牛仔裤订单，每件衣服的平均收入是 22 元，该件衣服的生产流程有裁剪、打版、合裤腿、压腰线、贴兜布、锁眼钉扣、缝制饰品、整烫、服装成衣检验、包装等环节。在工人进行订单生产时，合裤腿 0.8 元一条，压腰线最需要技术 1.5 元一件，贴布兜 0.6 元一个，锁眼钉扣 0.8 元一件等，环节均有明确的定价，每位工人在该订单中获取的薪酬便是自己各类工作的工作量与单价的乘积之和。而我们现在采用车间小组的方式生产，很多老技工的团队里或多或少都会有新人在拖后腿，今年情况特殊，很多新人一点儿经验都没有，都是老技工手把手带出来的，所以效率比以往要低不少。像张姐今年就带了五位新手，平时每次见到她都是在给那些新人传授技巧，有时候补工时干到很晚才回家。

可是刘宁团队加入以后，她们两条流水线每天的出货量是其他流水线的两到三倍，这些老技工的团队效率本来就低，出货量又被挤压，按照计件工资制计算，这个月平均每人也就不到两千元的工资。这跟往年同期相比已经少了好几百块钱，昨天她们又得知您给刘宁团队每人发了四五千元，这一对比，她们的情绪波动就比较大，商量着今天都不来出工，想找您讨个说法。"王珍小心翼翼地说完，望着李强，打量着他的神色。

扩展阅读 9-1

CY制衣厂计件工资的计算方法

听完王珍的讲述，李强眼中的寒意尽退，他摘下眼镜，揉捏着自己的眼眉，陷入了沉思。

虽然此前 CY 制衣厂从未发生过这样的事件，但李强依然对张姐等老技工的"缺勤"表示理解。在刘宁团队到来之前，正是这批人一边培养零基础的新人一边完成手头大量的工作任务，忙前忙后连轴转了十几天。虽然工作效率的确不如以往，但是这些熟练技工每个人都兢兢业业，恪尽职守，承担了比以往更大的压力，却负担了更多的经济后果，这对她们来说确实不公平。虽然计件工资制度自工厂创立以来就一直在实行，几乎没有人对这项制度提出质疑，但是此次与刘宁的合作暴露出这种计件制度的诸多问题。据刘宁说，现在南方采用的都是新的计件制度，即"工资薪酬 = 固定工资 + 浮动薪酬 + 附加工资"。固定工资每人都有，包括工人的工龄工资与层级工资；浮动薪酬则包括"奖金 + 绩效（工作数量 × 计件单价）"，这样计算的计件单价比原先计件工资制度下的计件单价低一些；附加工资则包括技能工资、津贴补贴、法定福利等。因此当初两人商议的结果便是李强为刘宁单独采用新的计件制度，但为了保证工厂的稳定性，李强并没有对旧的计件制度进行更替，对老工人依旧实行原来的计件制度。只是李强万万没想到，在月末算账时二者会产生如此大的差别，竟会引发群体"缺勤"事件。眼下按照工厂的缺勤管理制度，只要工人无故缺勤达三天，就会被工厂自动开除。究竟还要不要挽留她们呢？

扩展阅读 9-2

CY制衣厂缺勤制度

第七节 尾 声

刘宁团队在一个月内创造的业绩的确给李强带来了极大的震撼，他看到了由先进生产力创造的巨大的经济效益。此前他曾私下里找刘宁聊过未来的发展，他明确表示，希望刘宁的团队未来能够留下来，自己也会尽可能为她们提供便利。刘宁当时也表示自己团队里大多数人都对CY制衣厂很有好感，提供的薪酬水平虽然比不上南方，但是在当地也算比较丰厚，关键的是，如果留下来可以陪着孩子们，这对于母亲们来说是极其重要的。

眼下李强亟待解决的问题就是张姐等老技工的"缺勤风波"，一旦无法妥善解决，未来可能导致更大规模的"缺勤"。她们还会回来吗？该如何着手解决当前的人力资源危机？未来CY制衣厂是否需要进行人力资源管理制度的变革？

启发思考题

1. 李强对以刘宁代表的新加入的员工与CY老员工分别采用了什么薪酬制度？

2. 薪酬制度的差异对于以张姐为代表的员工来说能否感受到公平？疫情下员工对薪酬的感知是否有变化？

3. 你认为，缺勤的员工最终会回来吗？如果你是李强，面对由薪资差异引发的人力资源危机会怎么做？

4. 你认为，CY制衣厂是否要进行人力资源管理制度的变革？如果变革，如何过渡和实施？

教学视频

参考文献

[1] 赵云.浅析高素质人才激励性薪酬体系设计 [J].人口与经济，2008（S1）：161-163.

[2] [美]约瑟夫·马尔托奇奥.战略性薪酬管理（第7版）[M].刘昕译.北京：中国人民大学出版社，2015.

[3] 胡宁.薪酬结构对员工工作行为影响实证研究 [J].湖南社会科学，2012（02）：130-133.

[4] 王端旭，陈帅.人力资本投资与组织绩效关系的实证研究——基于权变的研究视角 [J].科学管理研究，2010，28（02）：84-87.

[5] 王彦斌.管理中的组织认同 [M].北京：人民出版社，2004.

[6] 杨旭华，等.新就业形态下平台企业薪酬体系建构与设计 [J].商业经济研究，2022（05）：126-129.

[7] Narver John C.，Slater Stanley F.. The Effect of a Market Orientation on Business Profitability[J]. Journal of Marketing，1990，54（4）.

[8] Narver，J.C.&Slater，S.F. The Effect of a Market Orientation on Business Profitability[J]. Journal of Marketing，1990，54（4）：1-18.

[9] 黄霞.中小型制造业企业人力资源管理中存在的问题及对策 [J].企业导报，2016（02）：144-145.

[10] [美]史蒂芬·P.罗宾斯.组织行为学 [M].第12版.北京：清华大学出版社，2008.

[11] 马新建，山小花，刘庆.短期薪酬激励与小企业薪酬体系构建——基于某服装公司的管理诊断研究 [J].中国人力资源开发，2006（08）：86-89.

第十章

职场中的不经意：职场新人小王的两难抉择

▶ ▶ 第一节　案例背景介绍

（一）家家福超市背景

家家福超市于 2015 年注册成立，经营范围包括休闲食品、日用百货、家电、日化、烟酒、粮油等。在发展壮大的三年里，家家福超市坚持用自己的服务去打动客户。自第一家分店创建以来，家家福超市坚持"诚信为本，客户至上"的宗旨，本着"品质为本，精益求精"的经营销售理念，力求为客户提供全方位的优质服务。随着家家福超市的稳健发展，截至 2020 年，其已在临沂市内开设了十几家分店。

（二）人物背景

小王：男，28 岁，性格直爽，在入职家家福超市前已积累了两年国内知名零售企业项目主管的工作经验，家家福超市红旗分店组建之际，小王以普通员工的身份应聘就职于家家福超市。

马经理：比小王早半年入职家家福超市，任红旗分店经理，是小王的直接领导。马经理思虑周全、缜密，但不大喜欢与同事交流，有些爱面子。

张经理：性格比较强势，比小王早一年入职家家福超市，任银雀分店经理。由于之前红旗分店一直没招聘来经理，公司总经理曾安排张经理同时管理红旗分店和银雀分店。

赵经理：较为耿直，比小王早一年半进入家家福超市，任家家福超市兰山区经理。赵经理任职时间稍长，专业经验丰富。家家福超市兰山区的业务与红旗分店和银雀分店的关系密切。由于赵经理与小王性格、兴趣相投，二人建立了很好的私人感情。

家家福超市的组织结构见图10-1。通过对以上四人的关系和特点进一步梳理，可以发现：

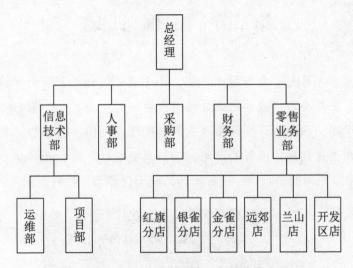

图10-1　家家福超市组织结构图

（1）从职位高低上看，小王职位最低，张经理与马经理是同级，赵经理级别最高。

（2）从进入公司的时间上看，按从早到晚的顺序依次排列：赵经理、张经理、马经理、小王。

（3）从职位关系上看，张经理将红旗分店的管理权交接给马经理，马经理与小王是上下级直属关系。

（4）从性格上看，四个人各有特点，小王和赵经理相近。

（三）行业概况

《2017 离职与调薪调研报告》表明：在"互联网＋"模式快速发展的大背景下，2016 年员工的整体流动性明显上升，平均离职率为 20.1%，员工主动离职率整体达到 16%。

根据《2017 离职与调薪调研报告》，家家福超市所处的零售服务行业中销售人员和一线工人占比较多，流动性较大，加之行业的薪酬激励性相对不足，资深管理人员缺乏，"跳槽"和"挖角"的现象较为普遍，导致主动离职率偏高。

▶ ▶ 第二节 案 例 前 瞻

2018 年春节刚过，年味还未散去，小王就已经开始了新一年的工作。小王所在的家家福超市红旗分店地处临沂市繁华的商业圈（如图 10-2），人流量大，大年初二开业后，熙熙攘攘的人群把超市围得水泄不通。"这是好兆头啊！马经理看到肯定很开心，咱们加薪有望啦！"隔着运营部办公室的玻璃看着超市里热闹的场景，小王和旁边的同事唐磊都不由兴奋起来。

图 10-2　家家福超市红旗分店门面

"叮叮，叮叮"，兴奋之余，手机传来了清脆的信息提示音。小王一边掏着手机向办公桌走着，一边还不忘回头与唐磊打趣："晚上可得喝一杯庆祝这一阶段性的胜利啊！"话音未落，马经理的微信对话框便已弹出，小王怔了一下，只见对话框里写着："家家福超市远郊店有个岗位挺适合你的，门店经理也看好你，你考虑下，明天例会前给我答复。"短短几个字将他拉回了现实，彻底断了小王几秒前的兴奋，他陷入了沉思，回忆起去年与马经理两次"不经意"的交锋。

第三节　第一次"不经意"

北方的 5 月已有些闷热。小长假刚过，家家福超市红旗分店正如火如荼地开展门店"摩力舒"项目。5 月 9 日，马经理接到总店紧急通知，最终需求方将交付期提前——"摩力舒"项目（见图 10-3）必须提前 3 个月完成。按照正常的流程来说，红旗分店完成项目后需转给家家福超市兰山区负责人赵经理做进一步完善，审核通过后再对外交付。由于曾与赵经理争项目产生过矛盾，马经理对于这个项目一直不太上心。但现如今，交付期提前，总店及赵经理双重施压，家家福超市红旗分店需要尽快完成项目，马经理不得不调配资源，积极配合，加快项目进展。由于小王三个月前在"关东煮"项目中表现突出，受到总店表彰，马经理临时抽调其到加急项目承担一部分工作。然而，在赶进度的过程中，小王多次发现这个项目的安全性不符合公司的质量规定。

图 10-3　"摩力舒"项目实图

虽然小王和赵经理在公司里的职位级别不同，但是这并不影响二人成为志同道合的球友。有次打球时，小王无意中把关于项目的"牢骚"，"吐槽"给了赵经理。次日，这个项目如期转给赵经理进行完善、审核，他也发现了项目潜在的问题，并把这些问题如实汇报给总店经理，附带着"有理有据"

的一句"红旗分店的小王也是这么认为的"。

总店经理把赵经理反映的项目问题直接抛给了马经理,要求他做出解释。马经理经过调查发现,项目确实存在一些小问题,于是向公司汇报了具体情况,但他也发现赵经理夸大了事态的严重性。因临时加急处理和资源有限,总经理表示不再追究,但他提醒马经理多学习一线优秀员工的做事态度,保质保量完成项目才是根本。

事后,老练的马经理不理解为何赵经理能发现"摩力舒"项目一线存在的问题。他冷静地梳理了事情的来龙去脉,想到了唯一派到加急项目的员工小王半年前受到了总店的表彰,以及小王与赵经理甚好的私人关系,种种因素都把矛头指向了小王。

9月,"摩力舒"项目如期在家家福超市的各大门店上线。上线次日早晨,小王收到了马经理发来的"少说话,多做事"的微信消息,他心里充满了担心和困惑:马经理为何会这样告诫自己?由于当天顾客实在太多,小王也无暇多想,只表示了自己努力的决心,随即便投入新的工作中。

当晚,小王与妻子谈及此事。"会不会是马经理觉得你最近工作不上心?""从5月就一直忙新项目的开发,大部分节假日我都在公司加班,经理也都知道,怎么会不上心呢?"小王一边不解地看着妻子,一边挠着头回忆着半年来的工作细节。忽然,他想起半年前对赵经理发的"牢骚",难道那次不经意的"吐槽"被马经理知道了?小王有些担心,也有些不确定,更不知道如何跟马经理解释,只好选择顺其自然。

▶ ▶ 第四节 第二次"不经意"

家家福超市银雀分店(见图10-4)的张经理与红旗分店的马经理关系不睦的事情一直是公司内公开的秘密。这个导火索或来源于面试环节张经理对马经理提出了质疑,或因马经理接手曾由张经理负责的红旗分店后,两人工作方法存在严重分歧而心生不和。随着两人矛盾的逐渐演化,两个超市分店的员工之间也在有意无意地减少交集。张经理作为小王面试环节的面试官,在小王进入公司之初给予了一些帮助,所以小王一直心存感激。

图 10-4　家家福超市银雀分店门店概况

　　2017 年 12 月 31 日，年会如期进行，各分店经理以及全体普通员工都如约而至。小王因工作业绩突出，被选为 2017 年度公司优秀员工，并在公司年会上进行发言。小王的发言较为真切，先是回顾了近一年的工作，着重感谢自己所在分店的马经理，并在结尾提了一句"也很感谢张经理的帮助"。发言结束，掌声雷动，嘉宾席上高兴的张经理与脸色有些阴沉的马经理形成了鲜明的对比，讲台上的小王看在眼里，不免心里有些"发毛"。

　　会中茶歇，小王急忙找到马经理，准备辩解，还未开口，马经理已经忍不住了："公司上下都知道我跟张经理关系不好，公司年会这么重要的场合，你还要感谢张经理，你什么意思？"小王急忙辩解："我取得今天的成绩一定离不开您的帮助，但是刚入职公司时，张经理也教了我许多，主要他也在嘉宾席，不提一下感觉确实不大好……"马经理的脸色更加难看了，小王见状还想说些什么，但马经理已转身离去。

▶　▶　第五节　面 临 选 择

　　"那你打算怎么办？"唐磊把小王从沉思中拽回了现实，"明天例会前就让你给答复，看来是打算在例会上宣布这个决定了。"小王有些不知所措。他没有料到自己与马经理的两次"不经意"竟然会让自己走到这一步，更没想到事情会发展得如此之快。看来自己之前的担心并非子虚乌有，所谓的调岗计划可能也只是开始，小王思来想去，心中隐约闪过一丝离职的念头。

回到家后，看着父母忙碌地烧着香喷喷的饭菜，身在孕期的妻子躺在沙发上听着胎教音乐，小王百感交集，不知是否该开口与父母、妻子商议此事，不知这个家能不能承受得起自己工作上的波动，工作、生活的双重压力令小王陷入两难。

小王彻夜未眠……

启发思考题

1. 从两次"不经意"发展到离职或调岗的两难选择，你觉得是小王（员工层）的责任，还是马经理（领导层）的责任？

2. "小王事件"可能会对公司未来的管理和发展产生怎样的影响？对其他员工会产生怎样的影响？

3. 从公司长远人才培养的角度看，公司高管应该如何避免此类事情的发生？

扩展阅读 10-1

普通员工晋升考核表

参考文献

[1] 张颖，荣世宇，熊普臻. 冲突管理方式、团队心理安全感与虚拟团队绩效研究 [J]. 云南财经大学学报，2022，38（02）：101-110.

[2] 尹洁林，王晶晶，廖赣丽. 基于动态博弈的团队冲突管理行为分析 [J]. 财会月刊，2020（15）：102-107.

[3] 马源. 团队冲突管理方式如何影响团队运营效率 [D]. 上海：上海交通大学，2011.

[4] 王涛. 人力资源管理数字化转型：要素、模式与路径 [J]. 中国劳动，2021（06）：35-47.

第十一章

年轻领导征途艰：DW 公司
王杨的破局之路

随着"新零售""互联网＋""O2O"等的逐渐兴起和快速发展，网店经营面临着众多的困境：电商的流量红利消失，营销和获客成本上升，运营效率低下，产品同质化和价格透明引发的恶性竞争以及顾客体验不足导致客户关系不稳定，转化率和复购率低迷……

运动零售品牌 DW（见图 11-1）的线上运营事业部亦不例外，也正面临着上述困境。为了突破营销困境，DW 品牌经过一系列的探索和尝试，最终确立了以顾客价值和体验为中心的体验营销战略（见表 11-1）。同时，公司高层也进行了一系列的排兵布阵，最终决定由王杨统筹负责新战略项目，以推动战略顺利落地。

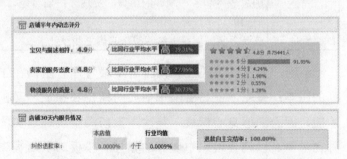

图 11-1　DW 品牌旗舰店动态评分、纠纷退款率

表 11-1　DW 品牌线上运营事业部各部门工作职责

部门名称	工作职责概述
顾客运营部	主要通过对客户调查和回访数据，客户纠纷投诉数据，店铺后台的经营和营销数据，以及外部相关数据和信息等进行分析，发现影响顾客体验的问题，并提出有效的解决方案。同时挖掘数据背后潜在的价值，牵引和激发目标顾客群的购买愿望，创造新的价值和体验
创意和外联策划部	主要负责大型品牌和营销活动的设计和组织，开发公共关系，并与外部媒体合作，通过共同宣传价值观和理念来推广产品；通过广泛的营销传播，给顾客营造良好的体验，进而提升品牌价值
新媒体部	主要负责社交媒体和顾客社群的运营，宣传价值观和有关理念，通过组织活动或制造话题积极与顾客进行互动，引发顾客参与、讨论和分享，深化与顾客的关系，为顾客营造好的体验，实现给店铺引流的目标
美工文案部	主要负责产品图片拍摄和美化，店铺和产品页面整体的设计和排版，店铺营销所需要的各种平面设计，产品的文案描述，页面内容板块的优化，标题关键词和搜索引擎的优化等
"买手"设计部	主要负责跟踪各品牌的产品动态、市场流行趋势和时尚元素等，进行选款和改款，然后对接合作厂商进行样衣的制作、试销和量产。另外，对于客户定制的产品，在必要的时候协助客服人员，提供设计解决方案，满足顾客的定制需求
营销推广部	主要负责店铺的站内和站外推广工作，做好推广预算，通过各种手段给店铺导入流量，实现销售目标；在营销推广时，以营造良好的顾客体验为前提，注重推广内容的质量，提高吸引力
客户服务部	主要职责是做好网店售前、售中和售后的各种客户服务工作，以满足顾客的真实需求和期望为前提，关注客户，给顾客提供最大的价值，减少顾客的总成本和各种顾客的损失，实现客户的卓越体验。同时还兼物流服务和店铺的日常维护工作等
战略管理部	主要负责品牌线上运营战略的规划和设计

　　然而，备受高层关注和期待的年轻管理者王杨在工作中接连遇到了一系列的困难：首先，王杨受困于他人的期待和想象，又试图证明自己的价值和才能，因而深感身心俱疲；其次，王杨渴望展现真实的自我却又不得不兼顾外在形象，以迎合组织中现存的领导者模板，从而丧失了自己的独特性和价值追求，失去了自身的特质和本真；最后，王杨将展现自我本真的希望放在未来，因而难以全力以赴地投入当下的工作中。这些困难逐渐将这位被寄予厚望的年轻领导者拖入低谷，甚至使其有了离职的想法。对此，管理层应如何帮助王杨走出低谷？王杨又该如何破局，探索属于自己的领导者之路？

第一节 年轻的领导者：王杨

王杨，这位年仅 28 岁的男性领导者，曾就读于山东大学管理学院工商管理专业，2015 年硕士毕业后供职于某国企，先后从事过营销策划、总经理助理等多个工作，曾因工作努力和业绩突出被评为公司的先进员工。王杨因在工作中注重绩效，学习和执行力强，得到了公司领导的赏识。但为了拓展自己的职业选择，实现自己的抱负，开发自己的领导者潜质并获得高管职位，2017 年王杨进入 DW 公司的战略管理部门。2018 年，DW 公司高层出于对王杨营销策划和数据分析能力的肯定，安排他负责公司新战略项目的规划和设计工作（见表 11-2）。

表 11-2　DW 品牌的线上营销推广方式

		网 络 媒 体	
		站 内 推 广	站 外 推 广
推广模式	付费推广	聚划算、淘金币、钻石展位、直通车、淘宝客、淘抢购等	通过参加直通车、钻石展位、淘宝客而关联拓展的站外网络媒体广告，通过广告联盟以及导购网站等发布广告和展示产品，通过微信和微博等社交媒体发布广告等
	免费推广	天天特价、定期的大促活动（"双十一""双十二"等购物节）、不定期的行业促销活动、店铺单独发起的促销活动、站内社区论坛等	一是通过多种方式扩大社交网络的粉丝群，注重内容营销和互动营销；二是通过其他网络媒体比如社区论坛、购物资讯等网站的相关板块发布软文和潮流搭配文章，引发消费者的关注和兴趣

第二节 "立"威信，难"破"无功而返

已是周六晚上 11 点了，王杨仍坐在自己的办公桌前，忙于体验营销的设计和优化相关方面的工作。领导的认可和期望，让他异常激动和感激。此时此刻有一份进取心和成就感在驱动着他，但同时也有一丝心悸和不安困扰着他——虽然销量获得了提升，但他并没有感到有人注意到自己的付出和成果。他想，或许是自己还不够出色。

随后，王杨陷入了超负荷工作的旋涡。他急于向所有人（包括他自己）证明自己有能力胜任工作。不知不觉天亮了，尽管笔记本上密密麻麻的文字和各种文档记录了他忙碌的一夜，但他完全无法厘清自己这一夜干了些什么。对王杨来说，这样通宵达旦式工作是常有的事，毫不稀奇。他说："我从没有停下来想一想这样有问题，我不想退出快速晋升的通道，所以不能慢下来，但我又好像失去了目标，内心感到特别疲惫和无助。我害怕别人表面上对我和和气气，但其实不敢告诉我，我到了瓶颈期，不行了。"受困于公司对自己的希冀的王杨极力想要证明自己不会辜负领导的期望，同时因虚荣心作怪，他又拒绝请求他人的帮助。王杨既感到分身乏术，又觉得难以大展拳脚。

▶ ▶ 第三节 "立"特色，难"破"勿忘初心

周一上午，在 DW 公司的会议室里，王杨正在用演示文稿（PPT）做体验营销的优化方案报告。他自信而慷慨激昂，会议室里时不时传出热烈的掌声。王杨说："我总是在聚光灯下，总是在极力表演，努力做成他们期望的样子，特别是在进入快速晋升的通道后，我却感觉自己消失了，只剩下事业心和进取心。"事实上，他必须遵循公司设定的价值观、文化和愿景，才能进入高管职位。虽然公司文化中也强调展现自我，但是作为重点培养对象的未来领导者会处处受限，往往只会展现出被认可的领导力，并失去真实的自我。

王杨可以轻松展示出自己在营销策划和数据分析方面的能力，这些也是公司重视的，但这些能力并不足以定义他本人。部分才能得到认可，反而导致他失去了其他才能，这看起来似乎是一个悖论。王杨觉得，如果自己一味地迎合组织已有的管理者模板，努力做尽善尽美的领导者，势必会失去个人的独特性和多样化发展的潜力，抑制激情，还有可能埋没原本使自己脱颖而出的才能，进而遭遇进一步成长的瓶颈。

▶ ▶ 第四节 "立"展望，难"破"身心俱疲

由于受困于组织的期望，期待积压内心的矛盾在未来会得到丰厚的回报，王杨开始将恢复和展示自我的希望放在未来，希望自己以后能自由地说出内心真实的想法，真诚地与别人建立有效连接，按照自己的理解去扩散自身的领导力。王杨一心对未来充满美好的想象，便不再沉浸于当下的工作，对现在工作的热情和兴趣也有所降温。

王杨说道："受到领导的信任和认可，我起初感到非常荣幸和感激，回到具体的工作细节中，也慢慢感受到了种种压力和挑战，随之就产生了一些怨恨和焦虑，这种感受很难解释。当然我也考虑过离开公司，换个环境重新自由地展现真实的自我，甚至想去读个工商管理硕士（MBA），到安静的校园中寻找内心的真实感，探寻值得奋斗终生的使命。"

▶ ▶ 第五节 "破"而后"立"

尽管人才成长会遭遇诸多的考验和危机，但这也是领导力提升的重要组成部分，这是一个持续和反复的过程。有潜力的领导者必须在工作中快速学习，经常反思，才能不断进步，然后承担新的角色和职责。

经过近 3 个月的反复推演和不断试错，王杨最终熬过了痛苦和焦虑的时刻，他所负责的项目也取得了成功，公司的经营业绩也屡创新高，他也得到了公司高层的褒奖，不久之后他便得到一个更为重要的职位——领导一个由 5 位管理者组成的团队，有 48 名员工。这个职位对整个公司都意义重大，他先是觉得受到了鼓舞，决心要大干一场，但随后就产生了新的问题，这一次他依然没有选择向他人请求帮助。上任已有 2 个月，他并未去找领导谈待遇问题。王杨说："我得到了梦寐以求的工作，但我还没有在新岗位上完全证明自己，怎么能再接着提要求呢？我应该感恩戴德，如果现在担心合同、薪酬之类的问题，领导会怎么想？"

也许这并不是上司的本意。把具有挑战性的重要任务交给负责任、有担

当的年轻领导者，上司非常放心。他们没有额外提供支持，也没有鼓励他主动请求帮助；他们没有劝他放松一点，也没有指望他不犯任何错误。如此一来，公司高层的沉默让年轻的领导者在不正确的工作方式上渐行渐远。新机遇再一次成了困扰，王杨感到痛苦，疲惫不堪，联想到之前遇到的一系列困境和危机，他觉得成长和进步带来的角色转化必须要有相应的能力和领导力与之匹配。或许，矛盾和危机已经到了不可调和的地步，无论是公司高层还是王杨，必须认真思考破局之道了。

扩展阅读 11-1

DW公司冠名
支持挑战赛

启发思考题

1. 如何开启破局之路呢？又如何在工作中发挥所有的才能，更好地领导自己呢？

2. 有才能的年轻管理者王杨在职场中遇到的一系列困境和危机，反映了其怎样的心理机制？

3. 作为组织领导层，怎样才能更好地培养和发展高潜力的人才，帮助他们和组织一起成长？如何更好地领导组织和人才？

参考文献

[1] 马浩. 战略管理学精要 [M]. 北京：北京大学出版社，2015.

[2] 邸彦彪. 现代企业管理理论与应用 [M]. 北京：北京大学出版社，2013.

[3] Katz D. The Motivational Basis of Organizational Behavior[J]. Behavioral Science，1964，9（2）.

[4] 刘建勇，于鉴轩. 组织内部异质性文化分析及领导力构建 [J]. 领导科学，2019（12）：46-49.

[5] 李妮，李晓丽. 领导性格对组织冲突发展的影响分析 [J]. 领导科学，2020（06）：67-69.

[6]　张戈. 边缘领导模式构建——VUCA 时代的领导能力升级 [J]. 领导科学，2021（20）：71-74.

[7]　李晓敏. 新时代领导思维变革与领导力提升探析 [J]. 领导科学，2021（21）：79-81.

[8]　McCarthy Claudine. Successful Leaders Support the Growth of Other Leaders[J]. College Athletics and the Law，2022，18（12）.

[9]　薛亚博，羊中太. 领导者推动组织"生力军"成长为"主力军"的科学策略 [J]. 领导科学，2022（02）：57-59.

[10]　约瑟芬·福克曼. 企业任用年轻领导者的六大惊人优势 [J]. 中外管理，2015（12）：14.

[11]　赵斌斌，年轻领导者的健康心理研究 [C]//. 增强心理学服务社会的意识和功能——中国心理学会成立 90 周年纪念大会暨第十四届全国心理学学术会议论文摘要集 . 2011：761-762.

第四部分

韧 性 组 织

第十二章

"Ｖ"字反转的秘密：李宁公司
如何重塑品牌再回巅峰？

　　李宁身着清爽的 LI-NING（为方便阅读，本文用 LI-NING 表示品牌，李宁表示李宁先生）运动装，脚踩荧光绿跑鞋，出现在"李宁䨻①"科技竞速跑鞋发布会的现场。站在他身边的是年轻的马拉松运动员。LI-NING 希望"李宁䨻"这款鞋能成为其进军高端跑步鞋市场的利器。

　　近年来，李宁都以年轻的形象展示在公众面前，也向大众传递了 LI-NING 活力、青春的品牌形象。作为著名体操运动员，李宁退役后于 1990 年创办同名运动品牌 LI-NING，并取得了巨大的成功——2008 年 LI-NING 的销售量位居全国第二位。然而，LI-NING 公司发现，其客户的平均年龄逐渐增大，尽管公司采取了更换宣传口号、品牌标志和提价等措施，但并未如期扩大年轻人的市场，还使"60 后""70 后"的老客户有所流失。

　　2015 年，李宁回归公司管理一线，面对"品牌再造"带来的问题，提出"品牌重塑"方案，目的是解决目标市场选择及品牌定位问题。LI-NING 是继续开拓年轻的群体还是聚焦忠诚度高的老客户市场呢？如果二者兼顾，该如何平衡为两个消费群体打造的品牌形象和营销方式呢？

① 䨻，读作 bèng，本意为雷声，引申形容很大的声响。

148

第一节 企业发展

李宁，中国的"体操王子"，1989年退役后，于同年4月注册了"李宁"商标，并以赞助1990年北京亚运会中国代表团为契机，开始了"李宁牌"运动服装的生产经营。LI-NING创业初期，作为1992—2004年中国奥委会的合作伙伴，主推奥运系列产品。产品主要面向19~30岁人群，定位于中低端消费市场。

2004年6月，LI-NING在香港证券交易所首次公开上市，成为中国第一家体育用品上市公司，并取得了2004—2008年业绩高幅度增长的成绩（见图12-1）。

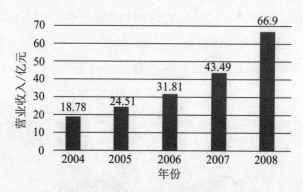

图12-1 2004—2008年LI-NING营业收入

资料来源：作者根据LI-NING公司年报整理。

LI-NING上市后，产品重新定位，将篮球系列作为其核心产品类别。其与多位NBA球星签订代言合约，并为NBA球星设计专属签名球鞋，以此树立专业化篮球产品的品牌形象。为吸引更多的青少年消费者，LI-NING赞助大学生"3+1"篮球赛。

2005—2008年，LI-NING通过合资、并购、联营等方式，拥有了AIGLE、LOTTO、Z-DO、红双喜、ATP系列、SHAQ系列等副品牌，形成了一主多副的品牌格局。2006—2009年，LI-NING销售门店由4 298个发展到7 249个，拥有了国内最大的体育用品分销网络。

2008年北京奥运会开幕式上，李宁以运动员的身份点燃奥运圣火，经典的"高空漫步"成为人们津津乐道的场景，LI-NING当年的销售增长率高达

54%。2009 年，LI-NING 的销售收入超越阿迪达斯，达到 83.87 亿元，仅次于耐克的 90 亿元。安踏、匹克、特步等晋江系国内品牌位列其后。

第二节　曲折探索

（一）品牌再造

2010 年，LI-NING 通过市场调查发现，公司一半以上的客户年龄是 35~40 岁，这就意味着再过几年，LI-NING 这一品牌的消费群体将明显老化，市场需求量减少。为了进一步扩张市场和加快国际化，LI-NING 的时任首席执行官（CEO）张志勇决心进行品牌再造。

LI-NING 品牌再造主要包括以下内容：一是更换 LI-NING 使用了 20 年的商标（见图 12-2）；二是放弃了使用了 10 年的"一切皆有可能"这一广为流传的广告语，启用"让改变发生"这一新口号；三是提出"90 后 LI-NING"的主题；四是大幅提价，价格向耐克和阿迪达斯靠拢。

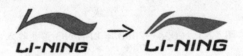

图 12-2　新旧标识对比（左旧右新）

重塑后的 LI-NING 主要定位"90 后"群体。从定价来看，其也不再面向中下层消费水平的群体。一双原来只要 200 多元的跑鞋，在品牌再造后卖到接近 400 元，消费者却体验不到产品的实质性变化。

学者罗建阳指出："突兀的价格提升、过快的消费人群定位的变动，直接导致 LI-NING 品牌失去了很多老牌消费者的支持，也使其国际化道路的执行力停滞。"

（二）存在的问题

冰冻三尺非一日之寒，在"品牌再造计划"失败之前，市场已然敲响了警钟。

LI-NING 东北市场的分销商徐娜提道："北京奥运销售并不理想，2009 年很多分销商都出现了严重的库存问题。"①

2009 年 LI-NING 财报显示，当年的存货为 6.3 亿元，平均存货周转天数为 53 天。但事实上，这些财务数据只是理论数字，还有很多的存货在经销商和分销商手里，实际上并没有消化掉。2010 年的换标活动，似乎进一步激化了 LI-NING 的库存问题。2011 年 LI-NING 首次出现负利润。

除库存问题外，尽管 2009 年 LI-NING 新增门店 1 004 家，但同年销售额增长率从 2008 年的 25.8% 掉到了 -2.3%，以前一直以 20%~30% 速度上涨的订货额下跌到 7%~8%，此后下跌趋势持续了四年。②

2011 年，本土运动品牌第一次遭受"寒潮"。之前过度依赖经销商的批发模式，使运动用品的品牌方难以真正感知市场状况，盲目扩张导致整个行业出现严重的库存危机。这导致众多企业在 2011—2013 年营收规模不断下滑。LI-NING 受到的冲击尤为严重，2011 年，LI-NING 的营收仅比安踏多出 2 800 万元，2012 年则被安踏超出近 10 亿元。③

（三）高管变动

2012 年，CEO 张志勇主动辞职，李宁通过牺牲自己股权的方式，为公司找来私募集团 TPG 的注资，并由 TPG 合伙人金珍君出任 LI-NING 公司的 CEO。金珍君指出："五年前运动服装品牌在中国还是批发商，品牌把精力都放在增长上，而不是销售规划、品牌打造和了解客户方面……现在是零售商，更多关注品牌。"④

在金珍君任职 CEO 的两年内，先是清库存，回购经销商库存，接着缩短产品上新周期，适应市场的变化，由批发向零售转型。具体措施是提高直营

---

① "李宁国际化之殇：管理团队决策明显失误"，创业邦，2012年9月18日，https：//www.cyzone.cn/article/89726.html，2019年10月23日访问。
② 仇勇，等，中国品牌的拐点[J]，环球企业家，2011（8）：99-100.
③ 齐敏倩，"非典型商人李宁：从年赚11亿到巨亏21亿，今危机解除欲逃离"，2019年9月19日，http：//t.10jqka.com.cn/pid_113425024.shtml？page=2，2020年7月9日访问.
④ 段艳玲，邱慧，刘广胜. 多维关系互动下我国体育用品品牌资产驱动模型的构建——基于李宁品牌的案例研究[J].山东体育学院学报，2018，34（02）：21-26.

门店的比例，通过产品规划，使门店提供统一的品牌体验，改善供应链和订货模式，以降低成本和产品上市的时间。这些战略性措施，在解决问题的同时也"自断一臂"，LI-NING 公司 2012—2014 年的净利润持续下跌。

同时期，安踏面临着相似的困局。业绩下滑时，安踏和 LI-NING 的解决路径似乎没有本质上的区别。安踏创始人丁世忠选择亲力亲为，他带领所有的高管用一年的时间走遍了全国 500 家门店，进行零售落地推广、终端各种问题研究。

2014 年，安踏回归正轨，LI-NING 仍持续亏损。2012—2014 年，LI-NING 累计亏损超过 31 亿元。①

2014 年 11 月 17 日，金珍君辞去代理行政总裁一职，转由公司创始人李宁主持事务。

李宁上任后，开微博，发跑步照，画画，与傅园慧拍照，与张继科互动，以 20 亿元赞助 CBA，以 1 亿美元签约韦德……李宁全身心"拥抱年轻人"。这些举措的背后，是李宁在产品、渠道、营销三个方面的变革思路。

▶ ▶ 第三节 产 品

（一）产品定位

LI-NING 成立之初，依靠的是李宁的名牌效应，用个人品牌打造公司品牌。李宁回归后重新喊出"一切皆有可能"的口号，讲述他本人的梦想是要做一个伟大的中国体育品牌，勾起老一代消费者回忆的同时，把品牌与爱国联系起来，推出"中国李宁"系列产品，打造"国潮"风尚，吸引年轻的消费者。在公关方面，LI-NING 的形象也与"爱国"相一致，2019 年 10 月火箭队经理人莫雷发表对华不当言论，LI-NING 率先宣布与 NBA 解除合作合同，彰显爱国情怀。

在消费者定位上，LI-NING 瞄准成长起来的"90 后"，但也努力兼顾老

---

① 数据来自李宁公司2012年、2013年、2014年的年报，香港证券交易所官方网站. https：//www1.hkexnews.hk/search/titlesearch.xhtml？lang=zh.

一代消费者。LI-NING 用 20 世纪 80—90 年代的风格，演绎了运动服的经典历史文化，主打复古和中国元素，也让 LI-NING 在运动时尚品类里建立了产品差异化。

在产品定价方面，LI-NING 的产品基本延续之前的定价。在它的旗舰产品中，"韦德之道 6"基础款的价格是 1 099 元，巴黎时装周亮相的"烈骏 ACE"定价 999 元。李宁说："LI-NING 未来绝对不会陷入价格竞争的泥潭。"①"回归公司后，给公司带来最大的转变就是重视产品，聚焦在篮球、跑步和羽毛球三大品类的产品开发。"②

LI-NING 逐步砍掉非功能性的产品线，聚焦三大品类（篮球、跑步和羽毛球）、五大专业领域（篮球、跑步、羽毛球、综合训练和运动时尚），强化研发体育功能更强的产品。

（二）产品研发

创始人的定位传递给了执行层。2016 年，洪玉儒升任公司 CPMO（首席产品市场营销官）。在看他来，想要满足年轻消费者的需求，就必须"双拳齐下"，左拳是时尚，右拳是功能，时尚靠设计体现，功能用科技体现。他说："你要时刻记住，服务对象永远是世界上打篮球最好的那个人，所以要去研究他的穿着及品位。"③

在产品设计创新方面，LI-NING 突破传统，开始注重从全球化网络吸纳各方建议和信息。2015 年 LI-NING 在"互联网＋运动生活"体验上进行大胆创新，通过"韦德中国行"的球鞋设计大赛，网络征集全球设计投稿，并根据获奖作品生成产品在全球发售。

2015 年 LI-NING 还跨界与小米合作，联合小米生态链公司华米科技推出智能跑鞋"烈骏"和"赤兔"，打造"专业装备＋智能硬件＋移动互联网＋数据分析分享"四维一体的立体智能平台，让更多的消费者享受到智能跑步

---

① 陈晓平，何己派，营收破百亿，重回巅峰，李宁做对了什么？[J]，21世纪商业评论，2019（03）．

② 齐敏倩，"非典型商人李宁：从年赚11亿到巨亏21亿，今危机解除欲逃离"，2019年9月19日，http://t.10jqka.com.cn/pid_113425024.shtml？page=2，2020年7月9日访问。

③ 谢芸子，史小兵．李宁拯救李宁[J]．中国企业家，2020（02）：14-27+4．

的乐趣。

此外，LI-NING 还优化新产品开发流程，改为按月开发和上线，增加了短设计开发周期的产品，如 2019 年国庆假期还未结束，LI-NING 线上就发布了国庆阅兵同款服装。

2019 年上半年，盈利转好的 LI-NING 将研发费用提高至 1.33 亿元，同比增加 115%，研发在营收上的占比已超过 2%。[①]

▶ ▶ 第四节 渠 道

（一）分销渠道

2015 年下半年，LI-NING 围绕线上、线下进行了"三通"尝试。

一是产品 SKU 通：电商与线下 1 500 家自营店的 SKU 做到基本同款。

二是数据通：线上下单和线下提货，给消费者多提供一个选择项。

三是交易规则通：货品质量与交付线上、线下保持一致。

线上，LI-NING 要求所有的经销商根据 LI-NING 发布的价格政策对重点商品进行零售，同时线上的各条业务线根据销售数据即时调整补货节奏。

对李宁而言，电商的意义并不只是营收规模和毛利率，而是搭建一套挖掘消费者需求的运营体系。李宁指出："虽然电商成本越来越高，但还是有承受能力和发展空间。我理解的零售核心是预测，而电商可以通过与用户的紧密互动，捕捉潜在的消费数据。这是我最看重的。但包括 LI-NING 在内，很多电商在这一块都做得不足。"[②]

线下，LI-NING 有针对性地调整店铺结构与布局，关闭位于传统商业街的低效店铺，布局不同类型的销售门店。LI-NING 的线下渠道中，一线或者强二线城市，门店将以购物中心为主；在二、三线城市，门店形成购物中心、百货、街边店三方互补的格局；在三、四线城市，门店以街边店的形态存在。

---

① 何己派，陈晓平，李宁造"？"[J]，21世纪商业评论，2019（12）：44-48.

② 孙珊珊，"独家｜对话李宁：乔布斯式回归，他如何改造李宁"，天下网商，2016年10月11日，https://www.sohu.com/a/115840959_114930，2020年7月2日访问。

LI-NING 的门店形式，既有跑步、篮球等专业品类店，也有"快闪店"等。2018 年，LI-NING 新开店 436 家，同步关闭 258 家。[①]

（二）全渠道管理

LI-NING 首席信息官朱远刚说："我们的全渠道平台去年上线了。在这个平台上，从线下门店服务、线上购物体验，到预约提货、社交媒体分享，我们可以实现全渠道会员、身份统一管理，实现了全渠道库存统一寻源和发货。我们希望给消费者创造一个全渠道完整全生命周期的体验。"[②]

对于经销商的利益分配问题，LI-NING 分两步解决。

第一步，建立一个全渠道结算中台。经销商和中台率先对接，经销商在完成区域期货增长目标的前提下，可以通过中台要货，但可能会有一个加价率。反之，如果中台向经销商要货，经销商也可以加价，然后再进行加价结算。

第二步，在第一步的基础上，考虑经销商之间横向打通和技术赋能。举例而言，客户在线下经销商的店里看中了一款鞋，但店里只有 40 码，客户想要 42 码，可通过扫码在线上购买。线上、线下的交易轨迹存在记录，线下经销商的工作被认可。

（三）供应链整合

朱远刚提道："加强对供应链的控制，提高供应链效率，缩短开发周期，引导消费潮流，成为名副其实的快公司，是 LI-NING 的重要目标。"[③]

2015 年 12 月，LI-NING 与京东达成合作，京东物流为 LI-NING 提供从产品到门店的整体物流解决方案，优化库存及运营效率。

基于京东和阿里零售平台的分析报告，LI-NING 在管理上更加注重新品

---

① 陈晓平，何己派，营收破百亿，重回巅峰，李宁做对了什么？[J]，21世纪商业评论，2019（3）。
② 老任，蔡玉兰，"连亏三年，互联网+激活李宁步入改革深水区"，搜狐财经，2017年8月1日，http：//m.sohu.com/a/165733660_261500，2019年10月26日访问。
③ 老任，蔡玉兰，"连亏三年，互联网+激活李宁步入改革深水区"，搜狐财经，2017年8月1日，http：//m.sohu.com/a/165733660_261500，2019年10月26日访问。

占比、应收账款周转等零售指标的表现，强化货物销售过程的全链条数字化管理。以单店为订货单位，并提供一百多个店铺的订货模板作为参考，初步实现了标准化管理。同时，LI-NING 建立了与材料、生产商协同管理的供应商云平台，初步实现了供应链一体化管理，缩短了 LI-NING 的平均库存天数（见表 12-1）。

表 12-1　2014—2017 年 LI-NING 库存周转状况

年　　份	存货周转率	平均存货周期 / 天
2014	2.89	126
2015	4.06	90
2016	4.46	82
2017	4.26	80

资料来源：作者根据 LI-NING 公司年报整理。

▶ ▶ 第五节　形象传播

（一）体验店

2017 年 2 月 28 日，LI-NING 首家主打消费者互动体验的品牌体验店落户上海 LI-NING 国际商业广场。品牌体验店，不仅产品组合包括 LI-NING 全品类的当季爆款，还增设壹季 iRun 跑步俱乐部，提供专业运动体验和服务。

"体验"是 LI-NING 品牌体验店的核心。在设备上，位于二层的壹季 iRun 跑步俱乐部，设有体成分测试仪、力量训练的彩色壶铃、TRX 训练带，以及色彩鲜明的功能性地胶，一层跑步产品区设有专业的跑姿测试设备等；在项目上，LI-NING 体验店打造了集综合体能训练、跑步课程培训、运动康复治疗、科学人体测试、特色约跑等服务于一体的互动平台，为运动爱好者提供了沟通交流的空间。

体验店吸引了消费者进店、逛店，增加了消费者的驻留时间。除了带来更多的交易机会外，也有利于 LI-NING 跟踪目标客群体得到有关设计、款式、功能的反馈，更精准地洞察其偏好和消费行为，为后续的精准营销、会员服务提供数据。

（二）秀场

"我 20 多年前也号称潮人，今天中国 LI-NING 亮相纽约时装周，请多指教。"①

2018 年纽约时装周前夕，李宁在微博上写下这段宣传语。

2018 年 2 月 7 日上午，纽约天色阴沉，下着微微细雨，中国体育品牌 LI-NING 在 2018 纽约秋冬时装周上主题为"悟道"的时装秀正式拉开帷幕。得益于产品定位和设计，时装周之后 LI-NING 品牌一跃成为国潮的代表。

时装周次日，LI-NING 的微信指数暴涨近 700%，LI-NING 纽约时装周的文章曝光总量超过了 1 500 万。纽约时尚周秀场后，LI-NING 的股价应声而涨，40 天内市值暴涨近 60 亿港元。LI-NING 发布的 2018 年中期财报显示，上半年 LI-NING 收入 47.13 亿元，同比增长 17.9%，增速创 2010 年以来新高。同时，净利润提升至 2.69 亿元，同比增长 42%。②

LI-NING 街头篮球系列 BADFIVE 主设计师陈李杰曾表示，要通过时装周，"让 LI-NING 重新回到代表身份、高端品质、潮流时尚的品牌形象"，实现品牌回归。

（三）联名

2019 年 6 月，LI-NING 与《人民日报》推出联名款服饰。除了"LI-NING×人民日报"，LI-NING 还与红旗汽车合作，推出服饰、帽子、挎包等产品。LI-NING 联名的品牌还有很多，其中既有故宫、《星球大战》等经典品牌，也有先锋设计师张弛、"网红"饮料店奈雪的茶等新锐品牌。

---

① "中国李宁惊艳纽约时装周，潮人们会爱上这个新国货吗"，搜狐财经，2018年2月12日，https://www.sohu.com/a/222457618_791489，2020年3月30日访问。
② 王诗琪，"李宁拯救李宁：一场没有终点的长征"，腾讯网，2019年1月16日，https://new.qq.com/omn/20190116/20190116A0GW4S.html，2020年3月30日访问。

▶ ▶ 第六节　一切皆有可能

2016—2019 年，LI-NING 的年营业额折合人民币分别为 80.15 亿元、88.73 亿元、107.22 亿元、139.34 亿元，经营净利润分别为 3.85 亿元、4.45 亿元、7.89 亿元和 15.48 亿元。[①]

逐渐转好的业绩让许多人认为 LI-NING 正重回巅峰，但也有人认为它只是刚刚走出危机。

对此，李宁在接受《财经》采访时表示："我们开始爬山了，但刚离开山脚没有多远，还在调整。"[②]李宁认为得益于消化库存，公司利润正在恢复，但还没有达到正常水平，公司将继续改造经营。

《财经》的记者还问了另一个热点问题：LI-NING 曾是中国市场第一大体育用品公司，但 2012 年被安踏超过（见图 12-3）。将来 LI-NING 能否超越安踏，夺回第一？2019 年，LI-NING 实现收入 138.70 亿元，较上一年增长 32%，经营溢利为 15.43 亿元，增长 98.6%，实现净利润翻倍增长。[③]但 LI-NING 的市值仍与安踏的市值有一定的距离。

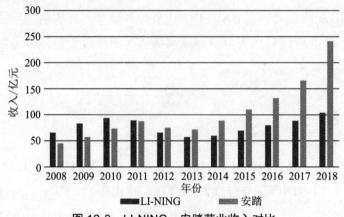

图 12-3　LI-NING、安踏营业收入对比

资料来源：作者根据 LI-NING、安踏公司年报整理。

---

① 数据来自 LI-NING 公司 2016 年、2017 年、2018 年、2019 年的年报，香港证券交易所官方网站。https：//www1.hkexnews.hk/search/titlesearch.xhtml?lang=zh.

② 马霖，余乐. 中国李宁：体育与商业激荡三十年[J]，财经，2019（22）：266-271.

③ "李宁 2019 业绩亮眼 今年业绩受疫情影响难以预估"，福布斯中国，2020 年 3 月 28 日，https：//baijiahao.baidu.com/s？id=1662339125612266383&wfr=spider&for=pc，2020 年 7 月 13 日访问。

LI-NING 的未来或许就像其品牌的标语一样："一切皆有可能！"

启发思考题

1. 评价 LI-NING "品牌重塑计划"遭遇重创的因素。

2. 近年来 LI-NING 强势归来，具体采取了哪些品牌营销举措？

3. 除了传统营销途径，在"新零售"时代，LI-NING 应如何运用大数据打通全渠道零售？

参考文献

[1] 罗阳建，翁飚. 李宁公司与安踏公司品牌塑造模式的比较 [J]. 体育科学研究，2018，22（04）：21-29.

[2] Lisa Cruz. Do not Leave Your Brand to Chance：Plan Your Crisis Communications Now[J]. Journal of Brand Strategy，2019，8（2）.

[3] 王鸣捷，谢曦冉．体育品牌整合营销传播新思路：基于中外体育品牌比较的视角 [J]．现代传播（中国传媒大学学报），2021，43（11）：136-141.

[4] 谭伟，张雄林．李宁公司品牌营销策略研究 [J]．现代营销（经营版），2019（04）：98-100.

[5] 刘怡汝，王关义．李宁公司品牌重塑财务指标绩效分析 [J]．财务管理研究，2021（09）：56-60.

[6] 韩中和．中国企业品牌国际化实证研究 [M]．上海：复旦大学出版社，2014.

[7] 赵树梅，徐晓红．"新零售"的含义、模式及发展路径 [J]．中国流通经济，2017，31（05）：12-20.

[8] Tim Mason. Omnichannel Retail：How to Build Winning Stores in a Digital World[M]. Kogan Page：2019.

[9] 陈律．供给侧结构性改革背景下实体零售业的"新零售"转型探讨 [J]．商业经济研究，2018（20）：13-15.

[10] 孙湉，沈雷．运动服装品牌跨界营销策略优化研究 [J]．毛纺科技，2021，49（03）：93-99.

[11] 马荣桢．国潮品牌营销传播策略的思考 [J]．青年记者，2021（20）：117-118.

第十三章

暴雨中的抢修：颐世保如何度过客户关系管理危机？

2020 年 8 月 26 日上午 10：30，青岛市城阳区气象局发布暴雨 ① 红色预警，城区部分地区出现 100 毫米以上降雨，多地出现严重积水。受 2020 年第 8 号台风 "巴威" 的外围影响，加上城阳区水坝修筑项目，位于墨水河下游的皂户工业园区是受雨灾严重的地区之一。青岛颐世保塑料有限公司于 2007 年落户于此，在这场从 8 月 25 日的暴雨预警到 8 月 26 日的全力抗洪的过程中，颐世保董事长栾蓉带领员工与时间赛跑，抢救物料、保护设备、抢修生产线，但受雨势的影响，抢救行动面临着被迫暂停，损失惨重，甚至由于生产迫停订单无法按时按量完成而一度被客户威胁起诉的窘境。

颐世保董事长栾蓉回忆道："10 点左右路边积水开始倒灌进厂房，我们的抢救速度远远赶不上水位的上升速度……眼睁睁看着设备泡在水里，员工有家回不去，大量订单需要生产发货，我比客户还着急……"

但探其原因，本次暴雨只是引发客户关系危机的导火索之一，为什么公司的客户不是与其共度风雨的

---

① 24小时内雨量超过50毫米的称为暴雨，超过100毫米的称为大暴雨，超过250毫米的称为特大暴雨。

"患难之交"？导致颐世保面临诉讼风险的背后原因有哪些？这场危机，究竟是因为"天灾"，还是"人祸"？

▶ ▶ 第一节 背 景 简 介

　　青岛颐世保塑料有限公司（以下简称"颐世保"）于 2007 年 4 月在青岛市城阳区设厂，占地面积 9 697 平方米，厂房面积 7 277 平方米。作为青岛市改性塑料领军企业，颐世保的标杆产品——改性塑料①、染色料技术已经达到全国同行业前 5% 的水平，2019 年工厂生产能力达 1 024 万吨，销售额超 3 000 万元。颐世保致力于高性能改性塑料的研发、生产、销售与服务，客户市场覆盖家电、汽车、医疗等领域，是一家集研发、生产、销售于一体的国家高新技术企业（见图 13-1）。

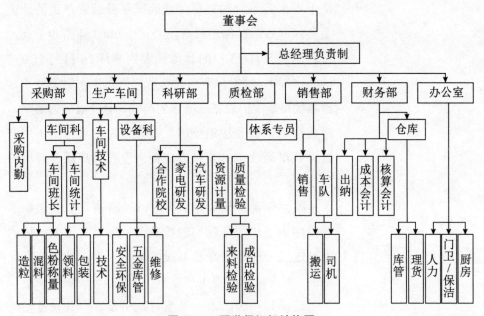

图 13-1　颐世保组织结构图

　　资料来源：作者根据颐世保公司资料整理。

①　改性塑料，指在通用塑料和工程塑料的基础上，经过填充、增强等方法加工改性，提高了韧性、阻燃性、抗冲击性等方面的塑料制品，属于石油化工产业链中的中间产品。

2020年是颐世保经营战略的重要转折期。2020年上半年，新冠肺炎疫情迅速蔓延，口罩成为全球防疫防控工作的"硬通货"。面对全国口罩急缺的境况，颐世保快速响应，于2月底迅速转产口罩核心材料——熔喷料（见图13-2），在量产后的三天内订单量超过1 500吨，日产量达40~50吨，跃居中国熔喷料生产企业五强之列。

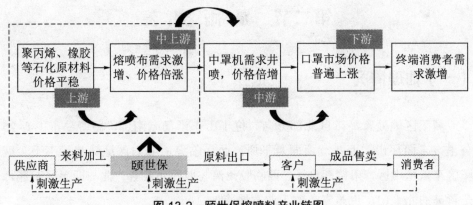

图13-2　颐世保熔喷料产业链图

资料来源：作者根据颐世保公司资料整理。

随着我国疫情防控力度的加大，5月份国内疫情得到良好的控制，居民消费生活基本恢复正常，熔喷料市场迅猛增长的趋势开始回落。由于口罩需求的短期效益明显，且口罩市场渐趋饱和，颐世保2020年的战略始终未明确指示，口罩市场的需求对公司的生产计划造成极大的影响。究竟是继续生产口罩熔喷料，还是掉转方向生产改性塑料？直到7月份，颐世保还处于战略摇摆期，还未明确战略方向。因此在客户开发方面，颐世保与大部分熔喷料客户保持小批量生产、高频次订单的短期合作关系，尚未签订长期供货合同，而与改性塑料的客户凭借前期的良好合作已顺利建立信任关系，拥有长期合作订单。

目前，颐世保的主要客户群体分为两类：一类是在汽车行业和家电行业的长期合作伙伴，如海信、澳柯玛等家电制造商和吉利、一汽解放、上海通用等汽车厂家。主要产品是应用于空调器外壳、后视镜、车灯等的改性塑料，此类订单占颐世保营业收入的55%~65%。另一类是以口罩熔喷料为原料的短期合作伙伴，如 H 工厂、A 工厂、B 工厂[①]。主要产品为不同过滤标准的熔喷料，合作模式多为"随时需要随时生产"。客户一般为及时生产会以高于市场 8%~15% 的成本采购颐世保的高质量产品，此类订单占公司营业收入的 35%~45%。

第二节 暴 雨 突 袭

（一）地理情况

城阳区地处青岛市区北部方向，位于山东半岛东南部，距青岛市中心 25 公里，东面环山，西、北两面是平原，西南临海，城阳区地势起伏不平。城阳区东依崂山区，南接李沧区，西临胶州湾与胶州市相邻，北与即墨区毗连，是青岛的北大门，也是青岛的工业发展腹地。

2019 年，城阳区下辖 6 个街道，常住人口 85 万人，实现地区生产总值（GDP）1 121.83 亿元[②]，其中，一、二、三产业的比例为 1.5 : 49.6 : 48.9[③]。2018 年 1 月，按照城阳区委、区政府提出的建设胶州湾北岸中心区的总目标，结合总体规划及城阳街道片区规划，皂户工业园成为城阳街道 16 个城市发展单元之一。皂户发展单元主要定位于工业园区，面积 1.5 平方千米，东至墨水河胶济铁路，南至墨水河，西至区界。

2020 年初，城阳区政府计划投资 3.6 亿元用于城区重要河道——墨水河的治理。墨水河发源于崂山山脉三标山，流经即墨市，在城阳区汇入胶州湾。近几年，周边城区经济快速发展，但市政管网、污水处理厂等环境基础设施建设滞后，大量工业和生活污水排入河道，使墨水河变成了名副其实的"墨水"

---

① 根据公司要求，此处做匿名处理。
② "2019年青岛市城阳区国民经济和社会发展统计公报"，城阳统计局官网，2020年04月07日，https://baike.baidu.com/reference/7261415/fc2a-UFLyo7hOslgYFGUlH7GVfvmx85tB__x_fqLd-9wYFZ_VPoHTwu-lpF7cLBeEWL5Lgj-27hFMR3W8vIKDVT4WKvDqFMMrl9-uUM6zm9tyIZhfi9XfC5_gINTmTLz8bwR7DY1a8631dCI5Vc，2022年1月26日访问。
③ 青岛市城阳区2019年度实现地区生产总值（GDP）1 121.83亿元，其中，第一产业增加值17.23亿元，第二产业增加值556.25亿元，第三产业增加值548.35亿元。

河，治理工作迫在眉睫。此次综合治理，以解决墨水河流域环境污染为主要工作，包括水质、绿化、防洪等五大方面的提升工作，整个工程计划于 2020 年底完工。截至 2020 年 8 月，墨水河水坝修筑项目清淤工作基本完成，工程进行至总体进度的约 50%。水坝修建项目正紧锣密鼓地进行着，但项目的实施也导致皂户工业区内大量商户的积水、污水难以排出，地势偏低的路面极易造成积水倒灌。

（二）危机突发

在气候方面，青岛地处北温带季风区域，属温带季风气候，市内各辖区降水量连年稳定，地处"青岛内陆"的城阳区更是每年降水量不超 30 毫米，是典型的北方少雨城区（见表 13-1）。虽地势低洼，但往年公司常备的 30 余个防汛沙袋便足以应对。

自 2007 年颐世保搬迁至青岛市城阳区以来，尚未遇到过规模大、时间长的自然灾害。对于皂户工业园区的绝大多数企业而言，都没有形成应对自然灾害的专门预案，而多是从往年的经验着手解决问题。在夏季，青岛偶尔遇到大雨天气，大多数情况下是小雨，降水量较大时也最多持续四到五个小时，路面几乎不会形成积水。董事长栾蓉会根据天气预报，在降水来临前一天在各个厂房的门口放置一些沙袋，保证雨水不会漫入厂房，同时搭起大棚保护仓库外的物料。在下雨当天，对办公楼及车间，栾蓉会逐一巡视，组织大家关好门窗，生产工作仍能正常进行。而对原料及成品的运输，尤其是部分物品需要人工搬运，在一定程度上会受到降水的干扰，但不会影响整体的生产进度。对栾蓉而言，二三十个沙袋加上自己往年的指挥经验，足以帮助公司预防此类天气，所以当时并未就此制定专门的安全预案，也没有进行更多的准备，如救急物资等。

表 13-1 城阳区降水量（截至 2020 年 8 月 26 日 16 时）

站　　名	降水量 / 毫米
城阳水利局	161.0
红岛	4.0
棘洪滩	239.0

站　名	降水量／毫米
崂山水库	76.5
流亭	78.5
棉花	27.5
山脚底	10.0
山色峪	44.0
上马	38.5
书院水库	27.5
惜福镇	37.5
夏庄	81.0
云头崮	47.0

资料来源：青岛市气象局，http://sd.cma.gov.cn/gslb/qdsqxj/，2022 年 1 月 30 日访问。

8 月 25 日晚 19:30，栾蓉和往常一样关注未来 7 天的天气，看到青岛气象台发布的台风黄色预警，30 多年的生活经验告诉栾蓉"城阳不会下大雨"。未多想，栾蓉便派值夜班的员工在车间门口放置双排防汛沙袋（20 多个）做简单预防。

8 月 26 日 8:00，栾蓉驱车到达公司时，已经下起了大雨，马路积水，但交通系统尚正常运转，防汛沙袋规整地摆放在厂房门口，员工按部就班地围绕着设备工作。

9:10，由于皂户工业园区地势偏低，路边积水渐渐漫过防汛沙袋底部，向厂房（见图 13-3）渗透。雨势只增不减，屋顶的雨水滴入车间二楼冒着蒸汽的混合锅，而一楼的积水向轰鸣运转着的设备涌去。见此情形，车间员工纷纷停下手头的活，搬运沙袋拦截雨水。工人小邓连忙跑到旁边的办公楼向栾蓉报告。

此时，栾蓉正在二楼会议室就如何进一步提高熔喷料过滤效率、如何提高产能以保质保量保时完成客户订单等问题和生产部长、技术部长焦头烂额地讨论着。小邓敲了两下门，便冲进会议室，说："栾总，外面的雨越下越大，积水从院子倒灌进车间，您快去看看吧！"

栾蓉随即命令道："马上断电，关闭所有设备，停止生产！"

设备已全部泡水，员工站在高椅上操作流水线，栾蓉顾不上订单，立即要求全厂停工。

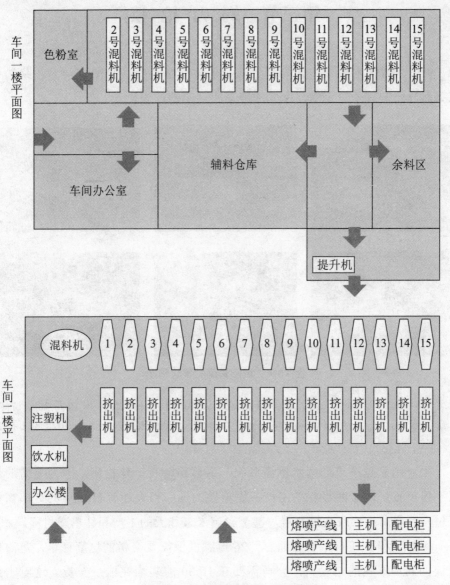

图 13-3 颐世保熔喷料产业链图

资料来源：根据颐世保公司官网资料整理。

第三节 竭力抢救

9:35，城区水位又一次急剧上涨，各地险情不断（见图13-4）。路边积水突然开始向院子里倒灌，率先冲破车间后门的沙袋。

图 13-4　城阳暴雨灾害险情图

资料来源：半岛网，http：//news.bandao.cn/a/401283.html，2020年10月30日访问；大众城阳网，https：//mp.weixin.qq.com/s/_2wwSAau5hhzVKA8XPcnSg，2022年1月30日访问。

面对越来越严重的雨水倒灌情况，栾蓉不敢有一丝松懈，因为无情的暴雨不仅严重影响了颐世保的生产，更重要的是，当天还有H工厂的订单需要交付，若暴雨持续或灾情严重，甚至影响未来几天的生产和订单交付问题。

而对于和H工厂的合作而言，26日颐世保需要交付的这笔订单，是前期洽谈的约500吨的熔喷料，公司需要在10:30前装配完成后发货。这对于颐世保而言，是一笔不小的业务。当时在强硬的谈判下，H厂家用高于竞争对手3%的价格与颐世保合作，并要求其做出"准时送货、坏品率低于0.5%，否则赔付相对应的违约金"的承诺。损失这笔订单，将对颐世保造成不小的打击。再者，颐世保于今年初刚涉足熔喷市场，不到半年时间，熔喷市场就日趋饱和，各地区的客户关系尚未稳定，一旦断货，将导致客户流失、公司信誉受损，颐世保在熔喷料市场中将更难生存。

　　"小邓，你先带几个人去垫高熔喷设备，无论如何要保住熔喷料生产线！"栾蓉安排道，同时派人找来公司存储的两个水泵到后门抽水。然而，水位随着雨势的增大越涨越高，在积水面前水泵就像玩具水枪一样。

　　"栾总，仓库也进水了，我们门口的物料怎么办？"仓库负责人小刘突然向车间跑来。

　　栾蓉赶到仓库时，门口堆积的原料一半已经泡在水里。她想到尼龙等一些特殊材料不能遇水，浸水时间过长便全部作废，于是立即调用两辆叉车先把近20吨的尼龙料及熔喷料生产原料聚丙烯颗粒向库内运输。在叉车工作的同时，工人们三人一组搬运重量相对较轻、但价格高昂的 ABS 颗粒[①]。另外，对库内成品增加托盘，抬高高度。

　　由于仓库构造的特殊性及暴雨持续的冲击，仓库逐渐被涌入的积水淹没，库内货架一层的成品已经全部泡在水里。仓库的员工几乎全在搬运沙袋和库外原料，车间更是忙成一团，眼下已经没有足够的人手抢救库内成品。

　　"栾总，路面积水太深了，咱们的送货车现在根本开不出去。"司机小刘这时打来电话。

　　小刘的消息击垮了栾蓉最后一丝希望，今天的货物肯定无法送达了。

　　既然成品已经无法运出，即便抢救出来，等雨停之后再进行烘干、晾晒，一方面要耗费大量的时间和人力，另一方面送到客户手中产品的质量也无法保证。眼下只能放弃库内全部物料，先安排所有人员到库外周转区全力抢救原料。

　　设备受损情况未卜，近30吨物料因未及时转移而被淹毁，货车无法启动、原材料岌岌可危……此刻栾蓉最担心的不是财产损失，而是如何向客户交代，当初千般保证的"及时送达，晚一天就赔偿"承诺看形势也难以实现了。客户需要颐世保提供物料以维持生产，而颐世保尽管有现成的产品却受暴雨影响而无法发货，其他的原材料和半成品物料在仓库面临泡发的风险，而且灾后交通设施的恢复时间也未知，货物发运、生产恢复都成了问题。

　　栾蓉拿起手机，屏幕显示 9:55。今天的第一批货物原定 10:30 向 H 厂家

---

①　ABS颗粒（全称为丙烯腈-丁二烯-苯乙烯共聚物，acrylonitrile butadiene styrene），是一种强度高、韧性好、易于加工成型的热塑型高分子材料结构，微黄色固体，有一定的韧性，密度在 1.04~1.06 g/cm³。

发货，她首先拨通了对方负责人张经理的电话。

第四节　外患内忧

（一）尝试沟通

"张经理你好！不知道您有没有关注到青岛暴雨，现在城阳积水倒灌，交通瘫痪，运输车已经出不去了。原定 10:30 发货，您看日期能否后延几天？"栾蓉试探问道。

"'巴威'途径黄海领域，没想到对青岛造成这么大的影响。栾总，你也了解我订单要的急，当初不计成本向颐世保发出要约，约定了最晚到货时间。你预计最早何时送货？"H 厂家张经理略显为难。

栾蓉谨慎考虑后说："保守估计三天，我们正在全力抢救，但雨什么时候停，设备受损情况如何，我们也还不确定，不敢向您轻易保证最早送货时间。"

沉默了一会儿后，电话里传来张经理格外低沉的声音："栾总，我了解现在您的困难，但我也和您坦诚说，以我们厂的库存最多维持一天半的生产，三天的空白期将使我们损失几百万元订单。"他继续说道，"如果至少要三天，我需要立即更换供应商并要求颐世保做出赔偿。"

"那您看能否将贵司生产计划稍作调整，先生产其他产品呢？"栾蓉提议道。

"我们 H 厂家作为上市企业，生产计划是提前一个月就安排好的，非必要不得更换；我也难以因颐世保一家供应商而要求生产部门调整整个流水线的生产计划。"张经理回应道。

"张经理，我们公司还有自己的外协厂家，产品质量能得到保证，我先委托他们发货，等颐世保恢复生产后先给您供货。周围还有几家受灾较轻的兄弟公司也可以帮我们先生产着，您看这样……"栾蓉再次提议道。

"我很理解您的处境，栾总。但您也知道今年我们的销量较往年缩减了 2/3，订单从 6 月份才开始恢复。如果您这边再因自然灾害而导致无法交付，进而延误了我们的生产，我司也无法和自己的客户交代，真的是耽误不起啊！"

张经理解释道，"我向上级汇报下情况，尽早给你答复。"

放下电话后，栾蓉又陆续拨通了其他几家客户的电话，但每一通电话都让她压力倍增。无一例外的，虽然客户非常同情颐世保的遭遇，但皆表示难以接受延迟交付物料，如果迫不得已需要延迟，可能要求颐世保按照合同要求赔偿订单损失。栾蓉知道，客户主要担心颐世保受暴雨影响后较长一段时间内都无法生产或无法发运，进而影响自身的生产。而这样的担心也不无道理，青岛有两家小微企业由于物料库存不足，第二天的生产都无法维持。

经过多次协商，大多数客户都对颐世保的情况表示理解，并接受备选方案，即延迟送货或由外协厂家提供物料。而A、B两家企业的态度始终较为强硬，要求无论如何都要准时送货，否则可能会向颐世保索赔甚至提起诉讼，这两笔订单分别需要300吨和450吨熔喷料。

栾蓉不由反思：客户的反应实际上既在情理之中，也在意料之中。这次暴雨危机，不仅让公司提高警惕、谨慎地面对危机，更让栾蓉看到了隐藏在公司管理背后的问题。面对不可抗力导致难以交货的情况，与熔喷料客户的短期合作关系难以获得对方的理解与支持，其所带来的短期利益也难以满足公司未来长期的需求。

颐世保的未来发展重心应该继续聚焦口罩熔喷料市场吗？对于熔喷料客户，颐世保是否应该考虑搭建长期的合作关系呢？

（二）被迫放弃抢救

10:45，青岛气象台再度发布暴雨红色预警：受第8号台风"巴威"外围云系的影响，目前城阳区、即墨区和胶州市部分地区已出现100毫米以上降雨；预计未来12小时，青岛市大部分地区及近海海域仍有间接性强降雨。

12:00，备用沙袋已经全部用完，而车间大门还在进水。栾蓉干脆让大家用仓库里的碳酸钙料当沙袋去堵门。

雨下个没完，肆虐的积水宣泄着倒灌进园区，一股股激流涌来，所有的抢救工作在暴雨面前都显得徒劳。办公楼也开始进水（见图13-5），井盖被雨水泡起……照这样下去，非但抢救工作难以完成，恐怕连基本的员工安全都难以保证。

图 13-5　颐世保受灾情况图

资料来源：以上图片均来自颐世保公司内部资料。

看着员工们浑身雨水、面容疲惫，栾蓉知道，大家已经在雨中奋战了好几个小时，面对危机，公司上下拧成一股绳，全力挽救公司财产。然而暴雨无情，积水水位仍在节节攀升，情况越来越严重。望着还泡在冰冷的雨水中的工人们，栾蓉有些犹豫了。

一边是企业财产和客户催单，一边是暴雨灾害和员工安危。继续抵抗，员工的安危会处于危险的境地，大院的井盖已经被积水泡起，万一有员工发生意外，后果将不堪设想；放弃抢救，可以确保基本的员工安全，也只有保持团队完整，灾难过后才有可能重整旗鼓。

▶ ▶　第五节　灾情加剧

12:40，暴雨的迅猛势头让栾蓉不得不直面现实。办公楼一楼玻璃门紧闭，仍被院子里的雨水倒灌，如今水已至腰深，此时栾蓉心里只剩一个念头——保证大家的生命安全。

栾蓉说："停止抢救工作，立即撤离现场，所有工作人员到二楼会议室集合。"

在人员转移的过程中，还有一些工人担心物料掉进水道，仍然泡在水里抢捞物料。同时，由于积水过深，一些身材相对娇小的女员工只能被装到箱子里让工人们运到办公楼。

在确认所有的员工安全到达会议室后，栾蓉暂时松了口气，并要求所有人雨停之前不得离开办公楼，以确保安全。然而很快，新的问题接踵而来。房间的窗户、墙缝开始进水，厨房由于断电无法打火，职工的午晚餐问题都无法解决。政府的物资救援车被积水堵在园区门口，等待皮划艇将物资送达各公司。

15:40，气象局继续发布暴雨红色预警——暴雨还在继续。

16:20，气象局继续发布台风黄色预警——水位仍在上涨。

17:00，原本就昏暗的天越发阴沉了。此时积水已经能漫过成年人的膝盖。新闻中，交警和志愿者坚守在一线疏导交通，非常困难地在积水中挪动，路边的小树被积水淹没了一半，一些车辆由于抛锚，打着双闪停在路中央，司机离开车辆退回到安全区域。栾蓉决定让全体员工留在公司过夜。

一天的忙碌过后，大家都已经疲惫不堪，衣服还是湿的，厨房仍然无法点火，饥饿、寒冷、困倦同时袭来。另外，员工们的手机已电量不足，无法照明，更无法与外界联系。转眼快到放学的时间，员工们家里还有孩子、老人需要照顾……

另一边，栾蓉也收到了H厂家张经理的信息，他表示理解颐世保当前的处境，同意将熔喷料交付时间延迟3天，但提出的要求是，颐世保必须将第一批货物先运送至H厂家……栾蓉知道，这样的理解已实属难得，但其他厂家的交货问题尚未妥善处理，暴雨过后的公司生产重建计划需要立即提上日程，对颐世保而言，还有一段艰难的路要走。

暂时安顿好员工后，栾蓉开始思考自己最关心的订单问题。受暴雨影响，生产被迫中断，部分产品无法按时交付，维修设备成为恢复生产的首要工作。看着疲惫不堪的员工们，如何鼓舞士气，组织维修，先修哪些设备，以将损失降到最低，都是栾蓉需要进一步考虑的问题。此外，在物料库存方面，大量材料被雨水浸泡，不知能否继续投入生产，如果重新安排运输，当前部分道路仍处于受阻的状态，抛开采购费用不说，时间成本极高。即使以上问题都顺利解决了，如果因为此次订单拖延，影响了下游客户正常的生产销售，导致客户关系受损甚至部分客户流失，这对颐世保的打击无疑是巨大的。

颐世保涉足熔喷料市场仅半年时间，多数客户是订单量小、复购频次少的短期合作伙伴，这种短期合作难以建立共识，客户利益难以协调。对于想要继续在熔喷料市场深耕的颐世保来说，如何寻找长期合作伙伴，如何与客户形成长期的营销关系等问题都亟待解决。一场与"暴雨"的赛跑，有的客户诉讼索赔，有的客户威胁更换供应商，董事长栾蓉再次陷入决策的困境。颐世保的客户关系管理能否拨开乌云见晴日呢？

第六节 尾 声

18:50，雨势终于见小，令人欣慰的是，颐世保全员安全得到保证，大部分客户也对公司处境表示理解。但根据天气预报，暴雨要持续到 27 号凌晨才会降低灾害预警。如何安置员工，如何与客户协商调整物料的交付时间，以及如何在灾后快速恢复公司的生产经营等问题还在等着栾蓉去解决。此次暴雨，不仅是一场自然灾害，更是一条引发客户关系危机的导火索，引发了栾蓉对客户合作模式、关系维系等方面的思考。

启发思考题

1. 你认为颐世保是否应考虑与熔喷料客户建立共度风雨的"挚友"关系？

2. 回顾此次暴雨灾害事件，导致颐世保面临诉讼风险的原因有哪些？这场客户关系危机，究竟因为"天灾"，还是"人祸"？

3. 暴雨突袭为颐世保带来了生存危机，如果你是颐世保的 CEO，根据经验，你将如何应对？

教学视频

参考文献

[1] 苏朝晖.客户关系管理 [M].北京：人民邮电出版社，2016.

[2] 伍京华，杨洋.客户关系管理 [M].北京：人民邮电出版社，2017.

[3] 王永贵.顾客价值与客户关系管理：理论框架与实证分析 [C]// 管理科学与系统科学研究新进展——第 7 届全国青年管理科学与系统科学学术会议论文集.2003：482-488.

[4] 郭自明.建立有效的客户关系管理系统——论 CRM 在中小企业中的应用 [C]//2005 年全国塔器及塔内件技术研讨会会议论文集.2005：248-251.

[5] 桂衍民.客户关系管理是核心业务 [N].证券时报，2010-06-30（T13）.

[6] 潘竑.向客户导向型企业迈进 [N].金融时报，2007-07-18（009）.

[7] 孙文仪.浅谈企业如何实施客户关系管理 [J].上海商业，2021（12）：104-105.

[8] 莫翔宇.供应链管理与客户关系管理的融合研究 [J].商展经济，2021（14）：69-71.

[9] 马燕妮.浅谈特殊环境下企业的客户关系管理 [J].中外企业文化，2021（07）：60-61.

[10] 张铁英.对客户关系管理的再认识 [J].现代营销：学苑版，2021（06）：194-196.

[11] 安娜.现代企业客户关系管理分析 [J].中国管理信息化，2021，24（01）：151-152.

[12] 崔雪娟，彭晓鑫.中小企业客户关系管理 [J].商业文化，2020（18）：58-59.

第十四章

行业协同取暖：山水水泥如何突破业内无序竞争难题？

2018 年 7 月 21 日，以"辉煌六十载，创新再腾飞"为主题的潍坊山水水泥有限公司（以下简称"潍坊山水水泥公司"）建厂 60 周年庆典活动在公司厂区隆重举行。现场人潮涌动，全体在职职工、潍坊市工会代表、行业其他水泥企业（中联水泥、鲁源建材、恒日水泥、富兴水泥等）代表，潍坊山水水泥公司退休老职工代表及新闻媒体人员等 1 700 余人出席了此次庆典。活动现场一派热闹气氛（见图 14-1）。

图 14-1 潍坊山水水泥公司 60 周年厂庆场景

独具地域特色的精彩节目依次登场，给观众带来一场视觉与听觉的盛宴。销售经理王安增看着台上的精彩演出，不自觉地露出了笑容。回想起近几年的商海沉浮，水泥行业也在短短数年里大起大落。

伴随着城镇化和社会主义新农村建设进程，潍坊山水水泥公司实现了高速扩张的黄金期。然而随着城市化的逐步推进，其增速逐年放缓，企业扩张并未跟随市场需求的变化而降低产量，供需之间的不平衡导致了严重的产能过剩。与此同时，国家的环保政策和水泥行业内的恶意竞价也在步步紧逼，潍坊山水水泥公司举步维艰。如何度过水泥行业的发展瓶颈？行业协同是一剂良药吗？行业协同产生的不自律问题又该怎么约束？未来的路将何去何从？

那无数个睡不着的夜晚，与团队苦苦坚守的点滴，在王安增的脑海中一幕一幕重视……

▶ ▶ 第一节 潍坊山水水泥公司简介

潍坊山水水泥有限公司是山东山水水泥集团有限公司下属的子公司之一，是山水集团发展战略和规划布局中的重要组成部分（见图 14-2）。

图 14-2 潍坊山水水泥公司厂区

其前身潍坊水泥厂始建于 1958 年，2002 年前是山东省最大的群式现代化机立窑熟料生产基地，于 2002 年整体进入山水集团，后改制为潍坊山水水泥有限公司。依托山水集团的技术、资金支持，潍坊山水水泥公司于 2003 年着手淘汰高耗能、高污染的落后产能，优化调整产业结构，全面关停 7 条机立窑熟料生产线，在潍坊市率先淘汰了机立窑，年节能 41 600 吨标准煤，年减少粉尘排放 403 吨、二氧化硫 48 吨、氮氧化物 135 吨。当年其新建一条日产 2 500 吨新型干法旋窑生产线及一座配套的 4 500 千瓦纯低温余热发电站，规模能力达到年产水泥 350 万吨，是当时山东省最大的水泥生产企业。

▶ ▶ 第二节 十年轮回，水泥企业遇寒冬

作为一家在潍坊初具规模的水泥公司，潍坊山水水泥公司自加入山水集团以来，依托集团的技术与资金，经过 2003—2013 年的高速发展，年产水泥从 78.4 万吨到达 320.69 万吨，逐步走过了单靠规模扩张和粗放经营就能获得利润的扩张阶段。

2013 年我国水泥产量达 13 亿吨，占世界水泥产量的 42.73%。在高速发展的同时，我国水泥行业的供需矛盾也不断加剧。2013 年国内水泥市场需求不到 10.5 亿吨，而水泥生产能力已达 13 亿吨，产能过剩 2.5 亿吨。特别是落后的生产能力所占比重仍达 60% 左右，水泥行业的产能过剩为将来埋下了隐患。

（一）天不逢时：产能过剩

随着中国城镇化水平已经超过世界城镇化的平均水平，水泥需求的空间也越来越窄。以往水泥行业拼规模、拼成本的粗放型竞争模式放在现在已经不合时宜。

水泥行业供大于求。在需求方面，据统计，水泥行业的拐点是人均需求 1 吨，而我国至 2013 年已经达到 1.5 吨，这显然表明国内的水泥需求已经不再旺盛；在供应方面，到 2014 年，中国水泥过剩 24%。过去的水泥行业有冬储[①]，然而现如今连东北地区也不需要冬储了，水泥行业已属于"绝对

---

① 冬季是施工淡季，水泥销量很低，有些水泥企业却不得不生产，因为春天是水泥的旺季，不生产的话不能保证旺季的水泥需求。水泥企业便推出优惠政策，采用低于正常季度水泥的价格，也就是所谓的冬储价，以便吸引水泥中间商订货，以此保证冬天的水泥销售计划。吸引水泥中间商在冬季订货的这种行为就是所谓的冬储。

过剩"。

自 2014 年起，行业开始走下坡路，越来越多的水泥企业无奈退出市场。水泥行业集中度低，截至 2014 年，行业集中度只有 28%，这个数字只有全球发达国家集中度（70%）的三分之一左右。在这种背景下，继续在恶性水泥市场负隅抵抗的企业，纷纷为了卖出水泥而压低价格，在市场上相互竞价，企业各自为政，妄图在优胜劣汰的市场上拔得头筹。

潍坊山水水泥公司也受到了强烈的冲击，价格一压再压，从高峰时的 380元 / 吨跌到 190 元 / 吨，企业之间大打价格战。水泥价格的降低，也使得潍坊山水水泥公司的利润被一压再压。

（二）地不得利：成本激增

无独有偶，2013 年 12 月国家环境保护部（今生态环境部）重新修订了《水泥工业大气污染物排放标准》，大气污染物排放标准再次降低（见表 14-1）。

表 14-1　水泥窑及余热发电设备排放标准

类　别	GB 4915-2004	GB 4915-2013		
	现有企业	现有企业	新建企业	重点企业
适用时间	2013/1/1—2015/6/30	2015/7/1 以后	2014/3/1 以后	
颗粒物（mg/m³）	50	30		20
二氧化碳（mg/m³）	200	200		100
氮氧化合物（mg/m³）	800	400		320
氟化物（mg/m³）	5	5		3

资料来源：《水泥污染物排放标准 GB4915—2013》，生态环境厅，2014 年 6 月 18 日，http：//www.hnep.gov.cn/xxzy/hjbz/gjbz/pfbz/webinfo/2014/06/1503047397386398.htm，2018 年 9 月 10 日访问。

与此同时，山水水泥临朐分公司新建一条日产 5 000 吨的旋窑生产线，为了集团的利益和响应国家的号召，山水水泥集团与当地政府签署了等量置换协议，协议关掉 2 条日产 2 500 吨的水泥旋窑生产线，其中一条便是潍坊山水水泥公司的旋窑熟料生产线（见图 14-3），以此保留日产 5 000 吨大规

图 14-3 旋窑拆除现场图片

模生产的临朐分公司的生产线。

潍坊山水水泥公司于 2014 年 12 月 31 日，提前关停日产 2 500 吨的旋窑熟料生产线及配套 4 500 千瓦的综合利用发电机组。该熟料生产线，仅运行了 10 年，正处于生产壮年，便早早被关停拆卸了，公司转为纯水泥粉磨站企业。从工艺流程中去掉了熟料煅烧环节，仅存在水泥粉磨这单一工艺环节，水泥生产过程中只发生物理作用，不存在化学反应，因此公司的污染排放物仅有粉尘、噪声两种。

潍坊山水水泥公司处于内忧外患之中，面对熟料生产线的关停，原本自产熟料的价格为 160 元/吨，旋窑线被拆除后只能从外购买，熟料价格攀升为 190 元/吨。生产 1 吨水泥需要 0.65 吨熟料，这样 1 吨水泥的成本上涨了 20 元，这使本来就被不断压低的水泥价格的利润空间逐渐消失殆尽。同期又受到山水集团股权纠纷的影响，企业的经济效益加速下滑。2015 年底，潍坊山水水泥公司的年销售量为 139.21 万吨，企业一年亏损达 3 015 万元，进入经营的低谷。

（三）人不相合：员工离职

伴随着水泥行业越来越不景气，潍坊山水水泥公司陆续传出有员工要离职的消息。职工们在茶余饭后也会经常聚在一起，小声讨论着"八卦"消息。

"你听说了吗？销售部的小张好像今天也向王总提了辞职报告，听说王总今天黑着脸，特别郁闷。"

"小张是他们那边的骨干销售职工啊！王总能高兴吗？"

"唉！公司亏了那么多，连我们的工资都跟着少了，以后还能好转吗？"

"谁知道呢，看看吧。"

几个月内，陆续有几个不愁找到新工作的骨干员工选择离开潍坊山水水泥公司。一时之间，人心惶惶。部门陆续有普通员工离职，没离职的员工要临时担当起往常两倍的工作量，接手新的事情，难免心里有些嘀咕。而管理层更为慌张，如今潍坊山水水泥公司留不住优秀的人才，一些管理层人员希望通过涨薪留住人才，因为在如今大形势下，人才对于企业的发展至关重要。但是这部分的成本由谁支付呢？企业现如今处于生存的低谷，谁也不能保证去给员工升职涨薪。只有整个公司的效益好了，才不愁招到新的合适的人，潍坊山水水泥公司如何才能走出这一困境？

▶ ▶ 第三节　逆流而上，会议勇于求变

不仅潍坊山水水泥公司如此，整个水泥行业都在惨淡经营。总部集团在行业萧条的大环境下，提出了对内要强化成本管理、加强内管内控、堵塞管理漏洞的政策；对外则提出了一个全新的名词——水泥行业应该行业协同。水泥行业的协同，最初由中国建材集团董事长宋志平提出，"行业利益高于企业利益，企业利益孕于行业利益中"，主张水泥行业提高集中度，联合加速，淘汰落后，限产限价，市场协同，共同促进水泥行业的稳产稳价，实现水泥

扩展阅读 14-1

协同不等同于
垄断

行业共生共赢，共同从竞争"红海"走向"蓝海"。然而推进协同的道路存在着诸多问题，水泥企业为了自身利益，不愿真正协同，各方对于行业协同展开了长期拉锯战，水泥行业的协同之路并不顺利……

经过了水泥成本增高、销售价格暴跌、员工纷纷离职等接连的打击，潍坊山水水泥公司就事关公司存亡的问题和对总部政策的响应举办了会议。

时任总经理曾庆梅主持召开了这场会议。会议气氛凝重，她首先打破了沉默："2015 年的利润，大家都看到了，亏损 3 015 万元，这并不是一笔小数目，如果接下来的几年，再不有所改变，恐怕……"

生产经理接着说道："我们会加大力度对水泥制造的成本进行压缩，完善水泥生产配方，在成本管理方面尽可能压低。"

人力资源李经理也附和说道："对于善待员工的企业理念要深入落实，改善员工的生活条件，落实'八必访'政策，使员工的向心力、凝聚力不断增强，同时振奋职工精神，增强员工干劲。"

会上大家你一言我一语讨论了企业未来发展的规划。

销售经理王安增沉思良久，慢慢开口道："集团对于行业协同正在逐步落实，我觉得我们应该坚决跟进促成，压低成本这条道路需要实行，但当前最重要的是，水泥行业需要提价。我们现在打价格战已经太疲惫了，只追求卖出去的量，却不关注价格，现如今销售水泥根本没有钱赚，水泥行业现在是在畸形发展。"

财务经理周卓马上发言道："我们以前常说本量利，就是在销售能充分增加的情况下，通过增加规模，降低单位固定费用而取得利润的经营模式。但在过剩的经济条件下，产品卖不出去，再多增加产量，不但无法降低固定费用，还增加了变动成本，使流动资金紧张。这种情况下，主要矛盾不再是量，因为量已经没有弹性了，我们应该提倡价本利，一方面保证合理的成本，一方面降低成本，取得经济效益。"

销售经理王安增继续说道："水泥行业在现阶段有两面镜子可以参考，一面是钢铁行业，一面是煤炭行业。钢铁行业一直以来在我们的观念里是很强大的，但因市场和铁矿砂采购均无法协同的原因，全行业在 2013 年出现了亏损。而煤炭行业最近几年用质量标准进行限产，对劣质煤、超能力生产、违规煤炭的建设生产进行了严格的治理，从而使煤炭价格保持坚挺，这是协同和限产的结果。煤炭行业都知道少挖煤赚钱、多挖煤亏钱的道理，想必放在水泥行业也不会例外。以销定产，去产能，实现价格行业协同是必然趋势。"

总经理曾庆梅最终进行了总结："水泥协同的道路并不好走，会有许多的阻力，来自同行业的阻力，来自员工的阻力，然而水泥行业要在大环境下持续走下去，就应该摆脱丛林法则，实现行业内的良性合作。一荣俱荣，一损俱损。公司的改革刻不容缓，在集团的带领下，我们要做那个领头人，切实落实行业协同之路……"

这场关键性会议落幕后，潍坊山水水泥公司就此展开了水泥行业的协同之路。

▶ ▶ 第四节　从"孤军奋战"到"抱团取暖"

行业协同在于稳定市场、稳定价格，推动市场水泥价格统一化，促进水泥市场价格健康发展。实施此项改变的第一步便是去产能，即淘汰落后产能，减缓水泥行业竞争激励的现状。

由于水泥行业的属性，在现有政策下，淘汰落后产能可以先从"去产量"方面入手，既能达到产品价格止跌的目的，又符合去产能的大方针。为了达到去产能、去产量的目的，山水集团与中国建材集团名下的中联集团牵头成立了山东省旋窑水泥企业联盟会，根据各企业的水泥销量来制订产能计划，明确了山东水泥市场行业协同发展的新方向。

山水水泥牵手中联水泥，联合辖区内各水泥企业，按市场化原则自愿投资组建"山东省水泥投资管理公司"，搭建全省水泥产能整合平台。成立水泥投资管理公司的目的，在于按企业所占市场规模出资，比如山水集团和中联水泥占山东 65% 的市场份额，两家在山东省水泥投资管理公司的出资比例就是 65%。成立投资公司，在于通过收取专项基金，专门用于奖补主动退出的产能，建立行业退出机制，鼓励单体企业主动淘汰落后产能，达到主动去产能的根本目的。

从 2016 年 4 月开始，在集团和鲁东运营区的指导下，潍坊山水水泥公司按照要求开始将销售工作的核心转移到行业协同上，一切工作围绕行业协同的主题开展，在行业协同的道路上勇扛大旗。

协同的道路注定充满荆棘。潍坊山水水泥公司由销售经理王安增带领着团队伙伴在潍坊片区不断游说做工作。

为推动价格协同，潍坊山水水泥公司愿意让出自己的一部分核心市场和客户给水泥行业的单体小企业，按照就近原则，只占取 3 个商品混凝土搅拌站大客户，剩下的 18 个大客户分给单体小企业，敢于为统销协同做出牺牲。

王安增深知水泥行业只有统一合作，告别丛林竞争模式，走向多方共赢，从互打价格战的恶性模式中走出来，才能从整个行业通力合作的模式获取利润。潍坊山水水泥公司为了长远发展，持续做着区域市场建设和协调工作，不搞恶性竞争，带头稳定市场价格，为彻底化解过剩产能赢得了时间。

然而许多单体水泥企业出于利益考虑，虽然知道行业整体涨价是好事，但是并不愿意降低产能，更不愿闲置自己的厂房、设备、工人，觉得统销协同之路并不是解决水泥行业瓶颈的好办法，相反，他们会觉得去产能是对生产技术的浪费。并且假如水泥大企业联合市场整体涨价，那么他们在行业价格协同的基础上采用适当低于协同的价格，就能在赚取利润的同时抢占市场。何乐而不为呢？

在山水集团和中联集团联合涨价的同时，潍坊地区的一些单体小企业虽然没有加入协同道路，但也趁机跟随着水泥行业的大队伍适当涨价，从中谋取利益。

正当一些水泥公司为了各自利益，各自为政，不愿意加入协同队伍时，政府的一纸文件让王安增看到了曙光。2016 年 10 月国务院办公厅发布 34 号文件，指出水泥行业去产能应采取联合重组、推行错峰生产等措施。水泥企业将开始走向限产模式，水泥行业每年应有"寒暑假"，于每年冬季取暖时即 11 月份至来年 3 月份关闭回转窑，夏季水泥高峰时也实行错峰生产。

有了政府的调控，单体小企业在水泥产业的"寒暑假"只能停产，缺少熟料的供给，没有办法多制造水泥。不得已，单体小企业也在协商后加入了水泥行业协同的队伍，由联盟内企业进行合作，统一配发熟料，以供自身生存，开始一同走向协同之路，行业协同联盟初具规模……

▶ ▶ 第五节 "昙花一现"还是"天赐良机"

潍坊山水水泥公司在 2016 年的一系列协同工作初见成效：年生产水泥 162.56 万吨，每吨水泥的平均价格比去年上涨了 17.98 元，实现营业收入 32 724.72 万元，获利 38.49 万元，实现了行业协同工作当年扭亏为盈的年度目标（见表 14-2）。

表 14-2 潍坊山水水泥公司 2016 年利润表

项目		单位	12月实际	12月预算	与预算差异	去年同期	与同期差异	1—12月累计	1—12月累计预算	与预算差异	去年同期	与同期差异	2016年全年预算指南	完成年度预算进度
产量	矿粉	万吨	1.90	2.00	-0.10	1.46	0.44	26.45	25.55	0.90	18.60	7.85	24.00	110.21%
	粉煤灰	万吨	0.21	0.60	-0.39	0.03	0.18	8.75	8.80	-0.05	5.82	2.93	6.50	134.62%
	水泥	万吨	13.34	12.00	1.34	10.14	3.20	162.56	142.91	19.65	139.21	23.35	132.00	123.15%
含税开票价格		元/吨	328.71	337.23	-8.52	196.00	133.71	231.18	249.89	-18.71	213.20	17.98	259.71	
销售成本		元/吨	199.54	221.98	-22.44	198.01	1.53	173.17	187.74	-14.57	180.48	-7.31	183.56	
营业收入		万元	3319.53	3416.53	-97.00	1504.67	1814.86	32724.72	30891.12	1833.60	26164.67	6560.05	29778.65	109.89%
销售费用		万元	-37.62	142.20	-179.82	97.52	-135.14	951.61	849.63	102.01	660.51	291.13	632.23	150.52%
管理费用		万元	255.29	267.67	-12.38	253.31	1.96	2205.37	2154.87	50.50	2098.26	107.11	2185.38	100.91%
财务费用		万元	62.36	65.74	-3.38	92.04	-29.68	1060.73	1077.02	-16.29	1320.98	-260.25	1200.94	88.32%
销售税金及附加		万元	-19.99	0.00	-19.99	0.15	-20.14	177.60	98.64	78.96	106.85	70.75	115.25	154.10%
产品利润		万元	639.23	267.13	372.10	-729.07	1368.30	-596.76	-286.25	-310.51	-3900.66	3303.90	1056.78	-56.47%
其他业务利润		万元	23.80	-1.65	25.45	3.64	20.15	97.50	14.95	82.55	117.35	-19.84	37.43	260.49%
营业外收支		万元	52.28	0.00	52.28	61.74	-9.46	537.75	59.11	478.64	733.43	-195.68	51.50	1044.24%
其中:税收返还		万元	48.94	0.00	48.94	0.00	48.94	321.53	56.36	265.17	141.79	179.74	48.75	659.55%
投调收益		万元	0.00	34.66	-34.66	0.00	0.00	0.00	34.66	-34.66	34.66	-34.66	34.66	0.00%
利润总额(账面)		万元	715.31	300.14	415.17	-663.68	1378.99	38.49	-177.54	216.03	-3015.23	3053.72	1180.37	3.26%
净利润(账面)		万元	715.31	300.14	415.17	-663.68	1378.99	38.49	-177.54	216.03	-3018.93	3057.42	1180.37	3.26%

鲁源建材公司也在行业协同中存活下来。因为价格战的影响，连年亏损已经宣布破产倒闭的鲁源建材公司，2016年因为水泥行业协同的契机，通过向外部筹集资金，重新把闲置的日产3 000吨的旋窑投入运行，提高水泥的价格，当年就打了翻身仗。潍坊富兴、恒日水泥、鲁东建材当年也实现了很好的经营效果，水泥价格协同使得协同队伍里的企业初尝甜头。

2017年1月22日，为了使协同工作能够顺利展开，方便大家坐在一起讨论发生的问题和冲突，中联山水潍坊统销协同办公室（以下简称"统销协同办公室"）正式揭牌成立。在中联、山水两大集团的统一部署下，潍坊市场上的水泥企业联合起来，协同工作有条不紊地展开。

扩展阅读14-2

统销协同办公室
相关会议简报

明确会议制度，革新晨会模式。统销协同办公室实行例会制，自5月份开始晨会在每周一、四、六早晨7:00在统销协同办公室召开，每位业务人员对市场上出现的问题都在晨会上汇报，集思广益、群策群力，由大家共同商讨解决方案，最后由统销协同办公室信息室记录备案。

水泥行业的协同需要高度的行业自律，按照客户固化分配原则，统一报价，发声一致，整个行业的企业都可以在水泥协同的"大蛋糕"中谋求自己的利益。如果协同队伍中一家企业不遵守规则，为了自身销量而破坏价格（整个行业市场的利润是固定的），那么打破平衡势必会危害其他企业的利益。

依靠每家企业的自律行为，同时制定了一系列惩罚机制，保证协同工作的顺利进行。如降低协同规定的价格，会追究到具体单位、具体个人，对于违规单位，收取适量的违约金，对于个人则会给予适当降职、迁职处理。

扩展阅读14-3

价格降低现象
出现

然而，依靠惩罚机制来约束总会在实施过程中因为人性的弱点出现纰漏。遇到关系好的客户，总会出现规矩之外的价格。为了完成每月销量，总会在规定价格之外额外降低销售价格。种种问题在行业自律这个背景下频发，总有"有心人"在制度下钻空子。

为了规范行业自律行为，推动深化协同的进程，由山水集团和中联集团两个大型企业牵头，于 2018 年开始着手建立潍坊销售平台机制。每个单体企业的水泥放在平台上销售，以此实现价格公开透明，信息公开，资源共享，利益均衡……

第六节 结束语

在 60 周年庆典上，远处一阵喧闹的锣鼓声把王安增的思绪拉了回来，水泥行业未来的协同发展之路能否持续顺利进行，始终困扰着他。2018 年潍坊山水水泥公司的水泥销量预计达到 150 万吨，明年预计销量只有 120 万吨，需求将大幅度下滑。在水泥价格继续上涨的背景下，个别单体企业退出协同的可能性也很大。水泥行业好不容易维持的量价平衡格局，其实十分脆弱，协同之路任重而道艰。

启发思考题

1. 面对行业发展瓶颈，潍坊山水水泥公司为什么选择走行业协同之路？
2. 潍坊山水水泥公司是如何推动行业协同发展的？成效如何？
3. 你认为应采取何种措施来平衡和发展水泥行业"初生阶段"脆弱的行业协同格局？

参考文献

[1] 何峰，等 . 中国水泥行业节能减排措施的协同控制效应评估研究 [J]. 气候变化研究进展，2021，17（04）：400-409.
[2] 中国水泥网信息中心 . 盘点 2018 年水泥行业大数据 探析 2019 年水泥市场走势 [J]. 广东建材，2019，35（02）：5-6.
[3] 田璐璐 . 河南省工业能源消费及碳排放预测分析 [D]. 郑州：郑州大学，2016.
[4] 付勇 .2013，水泥行业向上还是向下 [J]. 四川水泥，2013（01）：30-34+36+38+40.

[5] 李新，等.京津冀地区钢铁行业协同减排成本—效益分析 [J]. 环境科学研究，2020，33（09）：2226-2234.

[6] 蒙玉玲，董晓宏.钢铁行业化解过剩产能与职工安置协同推进路径研究——以河北省为例 [J]. 河北学刊，2015，35（03）：215-218.

[7] 刘慧茹.搭建钢铁行业协同商务平台 [J]. 微型机与应用，2006（08）：52-53.

[8] 刘畅，邓剑伟.京津冀协同发展背景下电力行业的发展策略研究 [J]. 技术经济与管理研究，2017（08）：124-128.

[9] 徐雯霞.汽车行业供应链协同绩效评价及其应用 [J]. 数学的实践与认识，2011，41（21）：58-66.

[10] 闫丽丽，夏凡，郭妍.煤炭行业供应链协同网络模型构建 [J]. 物流技术，2014，33（17）：350-351+403.

第十五章

经济与环保并行：莱钢运输
如何破解主业危机？

2017年11月14日，山东莱钢汽车运输有限公司（下文简称"莱钢运输"）董事长兼山东莱钢节能环保工程有限公司（下文简称"环保公司"）董事长吴修江正盯着办公桌上的台历出神。也许是等待的时间有些久了，吴修江拿起办公桌上的电话："老孙，招标会什么情况了？""董事长，下一家就是我们了，由于这次招标项目多，有两家大型环保企业也来了，这一次竞标很激烈。"孙谦沉重地说道。"沉住气，没问题的，相信自己的团队。经过这几年的发展，咱们的设计、制作水平已得到集团领导的认可，大公司有大公司的优势，我们也有我们的长处，与莱钢集团合作多年，我们比其他公司更了解他们的需求。加油！"

挂了电话后，吴修江信步走到办公室窗边，看着窗外的夕阳，回想起环保公司的创业历程，感慨颇多。环保公司脱胎于莱钢运输公司，创立于运输主业危机的背景下，成立初期并非一帆风顺，经历了一系列波折才站稳脚跟，经过几年的扎实经营，环保公司初具规模。但随着环保市场的发展，出现了许多大型的环保企业，这次招标活动就有两家大型环保企业进入，威胁到了环保公司的生存。而这次招标项目能否中标，关系到环保公司能否进入新的发展阶段，想到这里，吴修江的内心也不由得紧张起来。

第一节 初现端倪

（一）运输主业遭遇危机

莱钢运输于 1980 年成立，下设 9 个货运车队，拥有各类汽车、工程机械车、汽车吊等共约 600 台，年货运量可达 2 700 万吨。公司成立的使命便是为莱钢厂内外的钢材、矿粉、煤炭等提供汽车运输服务。2004 年完成改制，由国营企业转变为民营企业后，莱钢运输的主营业务仍是"车轮子"服务。

审视公司自身，一方面，现有车辆的荷载吨位低，导致运营成本高；另一方面，公司地处莱芜，运输业务量受地域限制较大。

行业市场状况也不容乐观，运输物流的"蛋糕"可以说是"群狼环伺"，莱钢运输不仅受到大企业业务领域的挤压，还受到小企业价格战的影响，导致其利润极低。国家对运输业没有设置准入限制，加上车辆可以分期付款，大批车辆蜂拥而上，包括大量根本没有货运经验的个体经营户，造成"僧多粥少"的局面。同时车主在分期付款的压力下，开始以低运输价格的方式争夺资源，使得恶性竞争加剧。再加上受金融危机的影响，钢材价格严重下跌，产量严重下滑，市场惨淡，母公司莱钢集团停止了对莱钢运输的内部结算，导致莱钢运输已经连续 3 个月未能开工资，驾驶员、汽车修理工离职现象严重，尤其是技术比较娴熟的驾驶员的离开，给莱钢运输造成了巨大的损失，员工人数一度降到了改制以来的最低数——680 人。

面对莱钢运输如此糟糕的状况，吴修江在 OA 系统（即办公自动化系统）中给他的"智囊团"发出一条信息："针对公司目前面临的情况，希望大家集思广益，想想下一步该怎么走。下周五我们召开一场形势任务会议，共同探讨一下。"

（二）转型之路迷雾重重

2012 年 12 月的一天下午，形势任务会议如期举行。会议一开始，吴修江就开门见山地说道："虽然目前物流行业存在很大的困难，但我们要坚持走下去，因为这是我们的主业，是我们赖以生存的基础。就目前形势来看，如果我们公司在运输方面继续追加投资，我觉得可能收益不大，如果开展其他行业，又能往哪个方向发展来作为公司新的利润增长点？大家都发表下自己的意见吧。"

"随着私家车不断增加，每年有大量的车辆要进行年审、尾气检测，莱芜现在只有莱芜车管所一处可以进行此项业务，每次年审要很早去排队，有时还会耽误至少一天的时间，搞得人人'谈年审色变'。现在国家已经放开政策，民营企业也可以设立检测线，开展年审、尾气检测等业务，我觉得我们公司可以考虑这个方向。"交通安全科田科长说道。

"我觉得可以销售汽车配件，近些年来，以莱钢为依托，周边成立了20家左右大大小小的运输公司，每年光更换配件的金额就达到四五千万元，但莱钢范围内专业做汽车配件销售的只有那几家小个体户，大部分的配件要从莱芜、泰安等地采购，无形中增加了采购成本。如果我们公司从事配件销售，不仅可以降低自己车辆的维修成本，还可以增加公司收入。"机动科高科长提议道。

"做钢材深加工也不错……"

会议室内的众人陷入了唇枪舌剑，大家你一言我一语，都坚持自己的看法，无法形成一个明确的发展方向。看着激烈讨论的众人，吴修江叹了一口气，眉头紧皱，陷入了沉思：大家说的似乎都有些道理，但是大家提到的几个业务市场都不太适合莱钢运输进入，因为莱钢运输积累的人脉、资源并不在那些行业，就这样步入未知的市场，风险是否会过大？可是不进行转型、开拓新市场的话，莱钢运输又有面临倒闭的风险，怎么给坚守岗位的员工一个交代？一时间，吴修江愁容满面。

（三）峰回路转，柳暗花明

看到吴修江忧愁的面容，环保专业出身的汽运公司的下属公司联众公司的总经理孙谦低下头，大脑飞速运转着，"运输……钢材……近年环保政策频出……"忽然，他猛地抬起头，说道："大家静一静，听我说！我们都知道，钢铁企业属于传统高能耗、高排放行业，现正面临环境政策约束日趋收紧的形势。首钢集团已经搬离北京，河北钢铁也迫于环境压力进行产能'急刹车'，就连钢铁行业的老大——宝钢集团也已经决定实施环境经营战略，以绿色制造、绿色产品、绿色产业为战略目标。这一系列现象表明，钢铁企业的环境污染已成为影响我国经济、环境可持续发展的重点问题，解决钢铁企业环境污染问题的节能环保产业变得越来越重要。我觉得我们可以考虑往这个方向转型。"孙谦的一席话，驱散了吴修江脸上的阴霾，商业嗅觉敏锐的他眼前一亮，笑着说："孙谦，如果我没记错的话，你本科学的是环保专业吧？""董事长真是好记性，因为我本科学的是环保专业，所以我对环保问题关注的比较多。而且，集团市场部的小王是从咱们运输公司调过去的，我之前向他打听到莱钢集团最近有绿色转型的趋势，但内部没有从事这方面的企业，环保设备的制造、安装、维修基本全部'外委'，我觉得这对于我们来讲是一次转型的好机会……"

随着孙谦话音落下，吴修江问道："我个人认为转型环保行业是不错的方向，大家觉得呢？"

然而其他人对孙谦的提案看法褒贬不一，会议室里一时僵持不下。吴修江看着众人说道："大家先各自整理下自己的思路，等下次形势会议再继续讨论。"

会后，吴修江将孙谦单独叫到了办公室，说道："最近一段时间我也注意到了宝钢集团准备实施环境经营战略，但咱们公司现在上马环保项目是否可行还需要做一个详细的可行性分析。这样，近期你带几个人先把这个事抓一抓，认真做一下实地调研。"孙谦没想到自己这个提议会得到领导的当场认可，顿时信心满满，说道："董事长您放心，保证完成任务。"

第二节　坎坷前行

（一）天时地利人和齐聚

2013年1月7日，莱钢运输再一次召开形势任务会议。吴修江直入主题："在上一次召开的形势任务会议中，孙谦提出转型环保产业，因为他准备得尚不充分，许多人并不同意他的提议，这次孙谦带领团队进行了详细的实地调研，大家先听一听他的调研结果吧。"

孙谦打开做好的演示文稿，开始汇报："我们团队对于近期环保政策和莱钢运输的内外部市场进行了详细的调研。在政策方面，凭借着咱们和集团多年的良好合作关系，集团能源环保部李部长透露给我们消息说，去年政府为抵御金融风暴，加大投资，拉动内需，划拨了 1.8 万亿元的扶持资金，用于上新环保设备的制造和维修工程项目。符合国家政策的，政府会给予政策扶持和扶持资金。如果对环保设备进行开发，还会得到进一步的优惠政策，因为集团有绿色转型发展的意图，这些政策李部长他们早已咨询过山东省环境保护局（今山东省生态环境厅）和莱芜市环境保护局（今济南市生态环境局莱芜分局），也已得到确认。此外，近期国家针对钢铁行业也出台了一系列环境标准，这些政策的出台将导致钢铁产业的发展面临着前所未有的环保压力。这些政策对于我们发展环保产业也是一个利好消息（见表 15-1）。

表 15-1　环保产业政策法规

序　号	名　称
1	《铁矿采选工业污染物排放标准》（GB28661–2012）
2	《钢铁烧结、球团工业大气污染物排放标准》（GB28662–2012）
3	《炼铁工业大气污染物排放标准》（GB28663–2012）
4	《炼钢工业大气污染物排放标准》（GB28664–2012）
5	《轧钢工业大气污染物排放标准》（GB28665–2012）
6	《铁合金工业污染物排放标准》（GB28666–2012）
7	《钢铁工业水污染物排放标准》（GB13456–2012）
8	《炼焦化学工业污染物排放标准》（GB16171–2012）

"在市场方面，随着国家环保法制化的推进，冶金企业对环保设备的需求将大量增加，目前莱钢内部环保设备的制造、安装和维修市场就非常大。2011 年和 2012 年仅维修备件消耗量就达到 1.4 亿元，'十五'技改期间，环保设备方面的累计投资已超过 10 亿元，占据设备总投资的 8% 以上，伴随莱钢环保设备的定修、大修的升级换代，环保设备的市场非常大。我又向小王了解了一下，他透露：莱芜及周边的泰钢、九羊钢厂等地方钢厂，对环保设备的填平补齐、新上、更新及维修的需求量也越来越大，环保设备备件的消耗和维修费用每年在 1.2 亿元以上。由此可以看出，环保设备制造、安装和维修的内外部市场都非常巨大，前景非常广阔。"

"听你这么一讲解，前景是挺好的，但我们公司之前是搞运输的，在环保技术和人才方面还是很欠缺啊！而且没有经验，在市场上未必被看好，融资也是一个大问题。"公司副总杨庆军提出了自己的疑惑。

"关于杨总提出的这两个问题，我们也曾进行探讨，陷入跟您相同的困惑，但随后给董事长的几通电话和几封邮件让我们看到了希望。莱钢运输自成立到现在，帮助过许多企业、培养过许多优秀的人才，这些企业或个人与咱们保持着长久的合作关系，对咱们这次的环保转型也比较看好。所以他们听说咱们企业现在面临困境，需要转型成立环保公司，决定给予资金和人才等方面的支持……"

"等等，孙谦，具体是哪些支持啊？"杨庆军惊讶地问道。

孙谦笑着答道："小王不就给予了我们强力的支持吗？至于企业，大家一定都记得山东新力环保有限公司，他们在成立之初有几笔加急订单是咱们帮忙完成的；徐工集团东南钢铁工业有限公司，在它成立之初，我们经常承接这家企业的钢材运输业务；还有像武汉华柏环保科技有限公司、江苏奥利思特环保科技有限公司……这些与我们建立了长期合作关系的企业，有的打算直接投资咱们的环保企业，有的打算向咱们输送一些环保设备方面的人才团队，还有的在沟通过程中表示，如果有环保设备的设计或改造等方面的项目会优先考虑咱们环保公司。"

"可是这技术方面的问题还是没解决啊！空有资金和人才，没有核心技术的支撑，企业也没法在市场上有竞争力啊！"生产运营科科长王子金说道。

"技术方面确实是我们的弊端，虽然咱们多年与省废气排放研究所有合作，在控制汽车尾气排放方面具有较多的经验和研究，从事除尘设备会比较顺手，但这远远不够。在南方城市调研的过程中，我们接触到一家中型的环保企业Z公司，这家企业从事环保行业已有10年的时间，在环保产品研发方面十分有经验。在闲聊中他们也表示，Z公司的业务范围主要遍布在南方。他们很有意向与我们公司合作，由我们公司参与投标、承接项目，Z公司提供设计服务，两家合作，共同开拓北方市场。"

这次的形势任务会议大家热议了4个多小时才结束。吴修江发现，大家对于转型环保产业都很感兴趣。这次会议后不久，吴修江参加了莱钢集团召开的环境经营战略会议，会中，莱钢集团提出要加大环境建设与环境保护的投资力度，并提出了一系列环境发展新理念。

这次会议对环保公司的成立起了决定性作用，集团的发展战略与公司的转型方向完美地结合在一起。会后，吴修江将这个好消息分享给莱钢运输的各位领导，大家对成立环保公司信心大增。再次详细评估公司的内部状况和冷静分析行业环境之后，吴修江又组织了一次具有决定性质的会议，让大家以无记名投票的形式来做出最终是否进军环保产业的决定，结果全票通过。

2013 年 11 月山东莱钢节能环保工程有限公司注册成立。由于孙谦胆大心细、敢用人，在他的带领下，公司不断做大做强，股东收益年年保持稳步增长。孙谦也因此深受公司领导的器重和员工的爱戴。加上他在战略转型中起到的重要作用，公司任命孙谦为环保公司总经理。环保公司的业务紧紧围绕环保设备的研究和开发，主攻方向是烧结、炼铁、炼钢除尘系统的研究和开发（见图 15-1）。

（a）烧结机机头电除尘器　　（b）烧结脱硫 BOT 项目　　（c）焦炉脱硫脱硝项目
　改造工程综合污水处理厂　　焦炭料场防尘网　　　　　矿焦槽除尘项目
　BOT 项目

图 15-1　项目工程展示图

（二）初出茅庐，铩羽而归

环保公司成立后不久，公司就赶上了莱钢集团举行的 3 号 105 平方米烧结机机头电除尘器改造工程项目招标，在与 Z 公司商量后，孙谦当即决定参加此次招标。有 Z 公司多年的电除尘器设计经验，再加上与集团多年的协作关系，孙谦相信一定可以顺利拿到订单。

Z 公司设计了招标除尘器的工艺流程，给环保公司的总报价是 1 300 万元，建议环保公司对外报价不得低于 1 600 万元。拿到了 Z 公司的设计方案，孙谦和公司的其他员工都大为吃惊：设计方案非常简陋，只有简图，没有设计说明，这又如何体现出除尘器的先进性呢？

"李总，我们的标书制作得有点简单，没有说明每一道工序的先进性和过程，对工装的说明也只有图片，这样的话如何中标？毕竟参与招标的单位有很多。"孙谦担心地说道。

"没有关系呀，你们公司跟莱钢集团关系那么好，请他们相信我们，我们公司一定可以做出先进的除尘器。如果写得很详细，万一我们不中标，那我们的工艺就泄密了。"李总的话听起来似乎也有道理。

在缴纳了 100 万元的招标保证金后，环保公司开始"出海远洋"了。尽管不知道海水是深还是浅，但是从公司成立到参加这次招标，似乎一切都很顺利。如果这次招标成功，可以为公司带来近 1 600 万元的销售收入，约 300 万元的利润。

在标书制作完成后，孙谦让李总看了标书，然后与他商量去莱钢的时间。"李总，招标时间定在 1 月 8 日，这样的话，要不你们的创作团队提前一天到莱钢，在莱钢住一宿，然后我们一块去招标现场吧？由你们来说明我们的方案，毕竟你们是专家啊！"

"我们公司就不派人过去了，你们公司参加就行！凭着你们跟莱钢集团的关系，这次招标也就是走个过场，你们根据我公司的设计说明一下就行。"李总客气地拒绝参加。

孙谦隐约感到了一丝不太和谐的音符，但转念一想，李总的决定也无可厚非，他们不是我们公司的员工，为什么要听我们的安排呢？顾不上想太多，孙谦只好带着刚组建不到 2 个月的团队独自去投标。也许是孙谦对于与集团的关系过于乐观，投标不仅失败了，而且败得很惨。

2月，也就是第一次招标失败后仅一个月，环保公司又参加了莱钢永锋钢铁3号烧结机配套除尘器改造的招标项目，总标的是1 200万元。Z公司除尘器的生产报价几乎是别家价格的2倍，所以环保公司的投标再次失败。

（三）危机四伏，祸不单行

时间就这样慢慢过去了3个月，环保公司一个项目也没有拿到。两次招标失败，让孙谦苦不堪言。本想着通过转型环保产业给公司开辟一个新的利润增长点，解决当前物流行业的燃眉之急，没想到这次转型困难重重。

为了解决当前的困境，孙谦找到了集团能源环保部李部长了解情况，得到的回答是："咱们以前是兄弟单位，虽说现在改制了，但感情还在，所以我跟你说点实话。一方面，你们公司团队不够专业，除尘器报价太高，比中标企业高太多，技术答疑又很粗糙；另一方面，你们公司刚成立，经验太少了，对我们来说风险太大，你们公司就算找到老总那里，也无法'开绿灯'，因为公司已将保护环境、绿色生产作为未来的发展战略。"

就在与李部长会谈的时候，Z公司的李总来电话了："孙总，由于两次投标失败，我们公司研究决定不与你们继续合作了。"

这真是当头一棒！孙谦意识到麻烦真的来了，立即致电吴修江："董事长，由于这两次投标失败，Z公司怀疑咱们公司从莱钢集团接手环保项目的能力，已经决定不与我们公司继续合作了。如果我们重新找新的合作单位，不一定能快速找到合适的单位参加莱钢集团5月份的招标项目……""叫上杨副总和郭科长（财务科科长），咱们现在即刻赶往Z公司，与他们深谈一下，找出解决问题的办法。"吴修江立即说道。

在赶往Z公司的路上，吴修江一行四人在车上召开了临时会议。吴修江说道："这个项目是公司实施多元化战略的第一步，前景也是非常好的。这项目才刚刚开始，如果不能解决好合作问题，后续可能还会遇到更多的困难。"孙谦解释道："今天上午我找到了集团能源环保部李部长了解情况，他给的答复是咱们的除尘器报价比中标企业高太多，如果不能将设计成本降下来，以后参与竞标时估计还是很难中标。""之所以设计成本高，我觉得主要是因为我们与 Z 公司只是战略合作关系，Z 公司在给我们公司提供设计服务时会有一定的利润加成，这样我们公司在对外报价时会高于其他公司。如果我们能对 Z 公司提供的设计拥有一定的话语权……"郭科长分析道。这次与李总会面一定要找到一种双赢的合作方式……

▶ ▶ 第三节 站 稳 脚 跟

（一）推心置腹，蹒跚前行

刚一见面，李总就对投标失败表示极大的不满："实话实说，之所以与贵公司合作，主要就是看中了贵公司与莱钢集团的关系，我们希望通过这样的合作可以快速打开北方市场。但是这两次投标贵公司展现出的实力，让我们对贵公司的能力表示怀疑。"

李总因两次投标失败而不满，这一点，吴修江是清楚的。但是现在要做的是要说服李总继续合作下去，这样双方才都有前途。

"李总，您的意思我明白了，我们有做得不好的地方，经验不足，请您原谅。公司成立的时间还不到半年，这次投标没有成功，不代表我们以后不会成功。我们诚心诚意的三赴贵公司，就是真心希望与贵公司一起做环保项目。你们是环保专业的行家，我们熟悉钢铁市场，咱们应该是最好的合作伙伴。在合作过程中有问题的话，我们应该积极协调沟通，如果贵公司有好的想法，包括今后怎么合作，您提出来，我们都会认真考虑。"吴修江真诚地说道。

听着吴修江诚恳的话语，李总决定平心静气坐下来与他好好商谈一下合作的问题，毕竟他对与吴修江合作的前景还是非常看好的。只是他之前想的过于简单了，只想着凭借莱钢运输和莱钢集团的关系就能"空手套白狼"，没有真正与吴修江的团队达成共识，互相信任。

那天下午，两家公司的主要负责人坐到一起，共同商讨如何做到互利共赢。从钢铁行业的环保思路到相互之间的合作模式，从中国环保行业到先进的环保技术，他们畅所欲言，无话不说，双方信任倍增。

这次会面取得了实质性进展，2014 年 4 月，吴修江与李总达成共识，Z

公司采取技术入股，占环保公司 30% 的股份，并成立了专门的技术团队。该技术团队由 Z 公司的 4 名核心技术人员和环保公司招聘的 16 名环保专业高校毕业生组成。至此，环保公司和 Z 公司才真正结成了利益共同体。

（二）携手共进，败后初捷

解决了与 Z 公司的紧密合作问题，环保公司以较少的成本得到了研发技术团队，对于环保设备的成本控制也有了更多的话语权。孙谦他们相信，坚定地走高技术战略，一定能吸引客户。问题解决后，孙谦感觉底气十足，立刻动身前往莱钢集团探讨项目合作的问题。

"孙总，其实你们的设计方案还是不错的，只是我们对于你们的制造能力没有信心。你们公司成立的时间太短，怕你们没有经验，所以上次招标的时候，公司就已经有了方向。今后你们可以和我们沟通与探讨相关的详细技术环节，让我们真正了解你们的实力。"莱钢集团能源环保部李部长坦诚地说。

"我们一定改进，非常感谢领导给我们这样的机会，让我们与你们一起探讨环保设备的设计和制造，到时你们一定会相信我们是有实力承接集团的环保项目的。"孙谦说道。

2014 年 5 月，环保公司参加了莱钢分公司炼铁厂 4 号 265 平方米烧结机机尾配套 180 平方米电除尘器改造工程的招标。从这次招标一开始，孙谦就带领公司的技术团队参与到技术交流与谈判中，并先后数次到莱钢烧结厂，向厂里的领导请教，了解他们对除尘设备参数的要求。由于环境污染程度不同，比集尘面积、电场强度、电场数、驱进强度等参数也会不同，根据他们的实际经验，可以设计出更符合实际需求的电除尘器，除尘效果达到最佳。

扩展阅读 15-1

莱钢部分环保技术

在招标那天，孙谦和李总一起带领公司的技术团队，出现在了招标现场。在评审会上，李总和技术团队对评审专家提出的问题一一作答，Z 公司设计的除尘设备使用的发明专利更是得到了专家的一致好评。事后招标专家评估团认为，环保公司无论是从专业性还是从技术团队的保障能力，都完全可以胜任此次电除尘器的改造，莱钢集团环保方面的专家团队一致同意推荐环保公司中标。

经过六个月的设计、生产、安装、调试，2014年11月19日，电除尘器的改造正式进入试运行阶段。验收当天，莱钢集团成立了专门的验收小组，孙谦、李总和他们的技术团队被留下来待命，随时接受专家的质询。上午，专家们从第一道工序开始向他们询问，并不时在笔记本上记录着，直到一位专家指着最后一道工序不断点头，孙谦他们紧张的心情才平缓下来。接着进入关键的试运行阶段。试运行期间，设备运行稳定，这标志着环保公司承接的第一个环保项目已顺利完成。

万事开头难，但在第一个环保项目完成后，陆续有项目跟进过来，孙谦和李总等人的团队经验也逐渐丰富起来，环保公司的发展渐渐步入正轨，在市场暂时站稳了脚跟。时光荏苒，一晃三年过去了，环保公司稳步发展、扎实运营，逐渐在市场上占领了一席之地……

▶ ▶ 第四节 尾 声

"叮叮叮……"，电话铃声响起。"董事长，咱们成功中标日照有限公司炼铁、球团、原料等5个标段26套除尘项目BOO工程，击败了两家大型环保公司！董事长，您的分析是对的，多亏了您的那通电话，让我们稳下心来参与竞标，也不枉我们整个团队三个月来加班加点的努力，咱们后面可有的是事儿做了！"孙谦兴奋地说道。"太好了，老孙！我正等着你的电话呢，你们团队表现不错，继续努力做好后续的工作，我在公司等着你们胜利归来！"放下电话，吴修江再次伫立窗前，想到最近一段时间多项BOT、BOO项目同时开工，资金投入较大，公司资金周转吃紧，而且从投入到产出需要很长的时间才能回笼资金，如果不能处理好资金周转的问题，不能平衡"危"与"机"之间的关系，那么公司将陷入巨大的困境中。想到这个问题，吴修江再一次眉头深锁。

扩展阅读 15-2

莱钢环保治理项目和治理成果

启发思考题

1. 面对运输主业存在的危机，莱钢运输如何走向创业转型之路？这对其他处于业务发展低谷的企业有哪些启示和借鉴？

2. 莱钢运输在创业转型过程中怎样克服困难走上正轨？

3. 如果你是公司的董事长，随着业务市场逐渐打开，你会如何平衡初创公司业务量激增与资金周转之间的矛盾？

参考文献

[1] 山东省环境保护厅关于印发《山东省环境质量和污染源监督监测管理办法（试行）》的通知 [J]. 山东省人民政府公报，2013（02）：28-31.

[2] 杜波，赵鹏. 高碳铬铁冶炼过程中废气排放对环境的影响分析 [J]. 环境与发展，2015，27（05）：34-38+77.

[3] 陈霞，杨志鹏. 钢铁企业资金紧张局面加剧 [J]. 冶金管理，2013（12）：16-20.

[4] 彭鹏. 浅谈我国钢铁企业 MES 建设 [J]. 电子技术与软件工程，2013（23）：120.

[5] 王梅. 莱钢以自主创新促企业转型 [J]. 山东冶金，2009，31（03）：51.

[6] 李效生，等. 转型时期钢铁企业必须履行好三大责任 [J]. 宏观经济研究，2008，（08）：66-67+74.

[7] 王冰，孟淑敏，贾利军. 莱钢 3 号 3200m³ 高炉设计创新与实践 [J]. 冶金能源，2016，35（04）：3-5.

[8] 李锐，黄东生. 高炉与转炉煤气干法除尘技术在莱钢的应用 [C]// 第二届全国冶金节水、污水处理技术研讨会论，2005：136-142.

致谢

不啻微芒，造炬成阳

《变局：组织管理创新案例集》（简称《变局》）是青岛大学商学院管理案例中心继 2021 年 1 月出版《释局：新零售商业模式创新案例集》（简称《释局》）以来第二本团队成果的汇集。《变局》选取了我们团队近五年来入库清华大学经管学院中国工商管理案例中心的 15 篇与"组织管理创新"相关的教学案例。与《释局》不同的是，《变局》更多选取了案例团队撰写的一手素材调研案例，记录身边的企业，探索理论的边界，如 CY 制衣厂、QCM 农机制造、DW 运动品牌、潍坊山水水泥、莱芜莱钢运输、青岛颐世保、幸运者咖啡等团队熟悉的省内企业。我们尝试梳理身边发生的真实商业故事，站在一线管理者的视角看待企业发展过程中面临的现实问题，力争为读者提供最贴近企业实践的情节复盘。除了一手素材案例，《变局》也收录了江小白、小红书、开市客、李宁运动品牌等大家熟知的二手素材案例企业，小心推理，大胆求证，再结合管理学科中的经典分析框架，希望带给读者"以变制变""V型思考"的判断性思维。

2017 年，我们开启了第一篇投稿清华大学经管学院中国工商管理案例库教学案例的撰写之旅，截至 2022 年 6 月，我和团队已经连续四年参加"卓越开发者"案例大奖赛，累计入库 22 篇教学案例，涉及市场营销、组织行为学、供应链管理、人力资源管理等不同的管理类学科。团队一起见证了清华大学经济管理学院"卓越开发者"案例大奖赛从无到有，从优秀到卓越的蜕变之旅，祝福"卓越开发者"案例大奖赛越办越好！祝愿独特而专业的中国工商管理案例中心，未来更好地介绍中国企业领先创新实践经验，提升中国管理和中国文化的国际影响力。

从第一届获得"'卓越开发者'案例大奖赛三等奖",到第三届有幸获得"'卓越开发者'案例大奖赛一等奖",再到获得同行老师们的认可,进入"中国工商管理案例库 2021 年案例下载量排行榜 TOP10"榜单,团队在一次又一次的投稿、修改、入库,再到拒稿后痛苦的反思、重写、重投,不断打磨案例内容质量,推敲企业实践背后的商业逻辑,完善适合课堂讲授的教学大纲,逐渐架构起案例写作和案例教学更深刻的理解框架。在此,诚恳感谢清华大学经济管理学院中国工商管理案例中心赵子倩老师、李承文老师、孟菲老师和曹珊珊老师的帮助和指引。

同时,借助清华大学经济管理学院中国工商管理案例中心的力量,团队不断向外拓展,挖掘在教学案例领域更多的可能性。2021 年和 2022 年团队分别在 *Ivey Publishing* 和 *Harvard Business Publishing* 入库了一篇英文案例,感谢鹿立阳、刘欣荣和崔运周,大家一起创造了一个小高峰,我们相信未来可期。

笔墨儒香,修炼匠心

《变局》的出版,离不开清华大学经济管理学院中国工商管理案例中心的支持,非常感谢所有给予我们团队帮助的评审专家和编辑老师,感谢中国工商管理案例中心的版权支持!在这里,我们团队不断学习、进阶与突破,清华大学经济管理学院中国工商管理案例中心也见证和伴随了我们团队的一路成长。感谢中国工商管理案例中心主任郑晓明教授。在案例探索过程中,郑老师充分给予了我们包容和鼓励,在评审时反馈了极具针对性的修改意见,是我们进阶之路上的良师,更要谢谢郑教授在百忙之中拨冗写序推荐。感谢中国工商管理案例中心执行主任赵子倩老师,从推荐《释局》到推荐《变局》。赵老师有 100 多篇教学案例入选各大顶级案例库,特别是有 30 多篇入选毅伟和哈佛案例库,赵老师一直是我们团队学习的榜样和追赶的目标。自 2018 年 10 月第一次参加中国工商管理案例中心的"卓越开发者"案例大奖赛至今,我们还得到了多位编辑老师的帮助,特别感谢张弘老师、毛川江老师、李晓辉老师、刘丽娟老师、郭佳老师等在案例投稿、修改过程中不吝赐教!

感谢我的合作者欣荣,与欣荣相识于 2016 年,我们一起哭过、笑过、欢乐过,并一起见证了案例小团队的发展和繁荣。君子之交,平淡如水。从东校的剑湖和中心的百花苑，从华理一碗面到山财东来顺，从西湖醋鱼到阿里活水，从 Prof. Ning Su 到 Prof. Andreas Schotter，从课堂教学中使用其他老师撰写的案例到主要使用自己团队撰写的案例，从粗糙的网课申请书初稿到"组织变革与商业模式创新"课程如期上线"学堂在线"平台，从北大社的《释局》到清华社的《变局》，欣荣一直在，一直都在。欣荣不仅见证了团队对待教学案例态度从"大干快上"到"精益求精"的转变，也见证了团队不断思考如何把握案例细节以提高案例质量，开发阅读性及可用性更佳的教学案例，更是见证了团队对案例写作与案例教学更大的期望和雄心。欣荣的专业性、对案例的热情、对小伙伴的包容和鼓励、对企业事件的专注和敏感、对专业信息的筛选和整合，如标杆一般给予了团队很多的力量。祝福欣荣在新的工作岗位上，一切都好！

躬耕不辍，孜孜前行

从开始尝试写案例到数次被拒稿，从案例入库到获得各高质量案例中心平台的奖项，从中文案例到走出舒适圈琢磨英文案例的特点和风格，从将教学案例运用于自己的课堂到针对不同层级的同学进行差异化的教学设计，团队始终认为，案例写作与案例教学需要敢于超越的"勇士精神"，需要"自以为非"的韧性，更需要敢于挑战的自我认同与自我批评精神。团队撰写的教学案例也渐渐从"以写为主"到"以用为主"的风格转变，更加注重案例的逻辑性以及课堂的实用性，以终为始。能在课堂上用得好的案例就是好案例，在小伙伴们的陪伴下，青岛大学管理案例研究中心一直在探索的路上不断前行。在此，我们也对《变局》中提及的众多优秀企业家和他们所在的企业表示感谢，祝福各位企业家从优秀到卓越，基业长青！

感谢团队的小伙伴们，大家是我砥砺前行的底气！我们一起在清华大学工商管理案例开发及教学研讨会、在复旦大学管理学院、在中国人民大学案例工作坊、在中国管理案例共享中心年会、在华东理工大学行动学习工作坊、在韩国 KASBA 工商管理会议分享着自己的故事；我们一起在阿里研究院活水计划、在精益案例论文开发工坊、在数字经济振兴乡村高峰论坛、在商业评论新零售特训营留下调研的足迹。感谢一起调研、一起撰写、一起改稿的小伙伴们：艺璇、星辰、运周、立阳、李安、刘洋、阳阳、敏鸳、艺欣、锦鹏、杨箫、江昕、正琪、徐莹、明朝、文青、彦坤、潇雨、张蕾、肇晴、霁泽、筱煜。没有大家的努力，一定不会有这本案例集的出版。感谢还在管理案例中心一起奋斗、"打怪升级"的小伙伴们的鼎力支持：耀东、莉敏、丽庆、夏雪、玲燕、念伟、思远、俊康、宪国、泽宇、子涵、洁芮、李坤、俊杰、祎菲，感谢大家的努力与付出。期待即将加入团队的小伙伴们：怡璠、怡凡、林凤、李彤、子璇、子鸣、晓璐、小安，慢慢成长，有所领悟。"Coffee brings us together"，借用幸运者咖啡工作室于栋犇老师的名言，感谢团队小伙伴之间的信任、尊重、认可与陪伴，在聚散之间，搭建了彼此之间珍贵的情谊，总有一些事情让人感动，那些眼前的人、身边的事，那些不管永远有多远的当下。

感谢大连理工大学苏敬勤教授、大连理工大学朱方伟教授、毅伟商学院包铭心教授、中欧国际工商学院梁能教授、南开大学张玉利教授、中国人民大学孙健敏教授、北京航空航天大学欧阳桃花教授、毅伟商学院苏宁教授、毅伟商学院 Amber McCutcheon 老师、清华大学陈劲教授、浙江大学郑刚教授、北京大学案例中心王铁民教授、中国人民大学石伟教授、中央财经大学王震教授、中欧国际工商学院许雷平主任、中欧国际工商学院赵丽缦老师，感谢各位师长、前辈与同仁的提携、帮助与支持。感谢上海交通大学井润田教授、复旦大学李旭红教授、北京大学张志学教授在 IACMR 教学的学问与方法工作坊中传授的"案例教学的科学与手艺"，你们对于教学的热爱、对于学生的尊重、对于技艺的探索，深深影响着我、激励着我。感谢诸位案例同行专家提供的高质量学习和分享机会，在案例探索旅程中，让我们总能从诸位大师的案例分享中受到诸多启发，在案例选题、写作方法、内容设计与理论结合等方面有所领悟。正如 Phillip Chong Ho Shon 老师所说，致谢和引用是可以用来偿还知识债的货币，在用《释局》首次支付了小小的一笔之后，我终于可以用《变局》再次支付一些，感谢以上各位专家。

感谢新型案例探索群中诸位好友的鼎力支持，感谢"帮主"兰州交通大学宋结焱教授的一路支持，感谢西南科技大学何波教授、同济大学李清海教授、中国人民大学徐京悦教授、湖南大学朱国玮教授、华东师范大学程贵孙教授、华东理工大学陈万思教授、山东财经大学刘素教授、复旦大学张春依主任、中山大学梁剑平教授、安徽大学白琳教授、浙江工商大学李攻教授、江西财经大学胡海波教授的认可和推广。

感谢青岛大学商学院的各位同仁，特别感谢王庆金院长和王功勇书记支持成立管理案例研究中心，在省属高校资源相对匮乏的现实情况下，仍然最大限度、最大耐心地呵护和帮助案例中心从无到有，慢慢发展。感谢商学院各级专业硕士研究生在课堂上的发言和反馈，是你们的参与，赋予了案例教学真正的活力和灵魂，也让我们领悟到一点儿哈佛百年案例教学法的精髓，为未来管理案例研究中心的发展指明了方向。感谢国家社科基金(20BGL041)，我在结题过程中的阅读和写作带来了很多思考和领悟，它们润物细无声地融入了《变局》收录案例中。

感谢《释局》责任编辑北京大学出版社周莹老师引荐清华大学出版社。感谢为本书的编辑、出版等付出诸多精力和时间的责任编辑朱晓瑞老师。疫情期间，与朱老师在青岛匆匆一见，却一见如故。朱老师对书籍品质的严格要求以及时间把控，使得《变局》能够在较快的时间顺利出版并面市，钦佩朱老师的专业能力，期待未来与朱老师有更多的合作。

虽已四十不惑，然而在父母面前，仍是个孩子。感谢双亲总是给予我最大的支持和帮助，允许我放下羁绊，不断探索和前行，你们是我最坚实的后盾。父母让我能够心中有梦，眼中有光，一如既往地追寻自己的梦想。感谢自己的小家，温暖如故，一起秉烛夜读，一起体会平凡是真的每一天。祝愿大家的小家幸福安康。

"慎始而敬终，终以不困。"感谢阅读本书的读者！每一个结束都是新的开始，不啻微芒，造炬成阳。

最后，我以一首打油诗结束我的致谢：相亲相近蹴鞠场，自来自去剑湖旁。科研文章观朝雨，教学读书折花枝。崂山瀑里水东流，疾走登峰几个秋。往来谈笑有知己，岁岁年年花更红。愿得门前篱笆院，云鬟膝下久长情。

王崇锋

2022 年 6 月于青岛大学金家岭校区励行楼